Illisibilité partielle

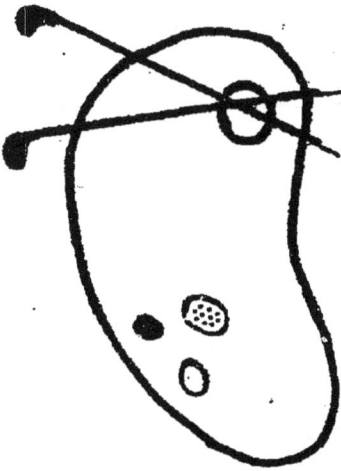

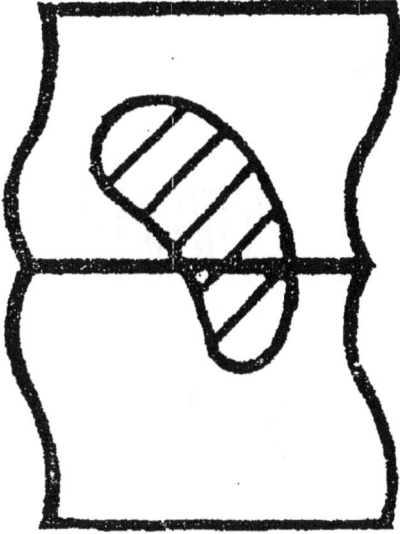

Couvertures supérieure et inférieure en couleur

L'ACCORD

DE LA

PHILOSOPHIE DE SAINT THOMAS

ET DE

LA SCIENCE MODERNE

AU SUJET DE LA COMPOSITION DES CORPS

POUR FAIRE SUITE A

L'UNITÉ DANS L'ENSEIGNEMENT DE LA PHILOSOPHIE

PAR LE P. HENRY RAMIÈRE, S. J.

PÉRISSE FRÈRES

Nouvelle Maison à PARIS, rue Saint-Sulpice, 38,

BOURGUET-CALAS ET Cⁱᵉ, SUCCESSEURS

—

1877

L'ACCORD

DE LA

PHILOSOPHIE DE SAINT THOMAS

ET DE

LA SCIENCE MODERNE

L'ACCORD

de la

PHILOSOPHIE DE SAINT THOMAS

avec

LA SCIENCE MODERNE

L'ACCORD

DE LA

PHILOSOPHIE DE SAINT THOMAS

ET DE

LA SCIENCE MODERNE

AU SUJET DE LA COMPOSITION DES CORPS

POUR FAIRE SUITE A

L'UNITÉ DANS L'ENSEIGNEMENT DE LA PHILOSOPHIE

PAR LE P. HENRY RAMIÈRE, S. J.

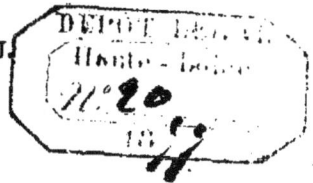

PÉRISSE FRÈRES

Nouvelle Maison à PARIS, rue Saint-Sulpice, 38,

BOURGUET-CALAS ET Cⁱᵉ, SUCCESSEURS

—

1877

IMPRIMERIE CATHOLIQUE J.-M. FREYDIER, AU PUY.

AVANT-PROPOS

La première partie du présent travail ayant été publiée dans les *Etudes religieuses* (décembre 1876), sous le titre de *La Philosophie scolastique et la Science moderne*, des juges très-compétents pensèrent qu'en traitant plus à fond notre sujet, nous rendrions un utile service à nos Universités renaissantes et à l'enseignement catholique en général. En conséquence, nous nous sommes mis à l'œuvre; et, pour mieux saisir sous son double aspect le problème soumis à notre examen, nous avons sollicité et obtenu le concours de l'un de nos confrères, plus versé que nous dans les sciences physiques.

Le résultat de nos recherches a dépassé notre attente.

Appelés à s'expliquer eux-mêmes sur le vrai sens de leur enseignement et sur le rapport de leurs théories avec les théories modernes, les deux grands maîtres de l'école péripatéticienne, Aristote et saint Thomas, nous ont présenté leur doctrine sous un jour bien différent de celui sous lequel elle s'était offerte à nous dans les traités classiques. Il nous a été démontré que le vieil Aristote est incomparablement plus moderne que ses commentateurs nés seize siècles après lui. Constamment appuyé sur l'observation, et ne donnant à la spéculation, dans les questions physiques, qu'un rôle subordonné, il n'avance qu'avec bien des restrictions certaines opinions, dénaturées par ceux de ses disciples qui, moins observateurs que lui, ont cru pouvoir être plus dogmatiques. Saint Thomas lui-même est beaucoup moins absolu que la plupart des thomistes, dans l'énonciation de certaines théories que ceux-ci nous présentent comme des principes fondamentaux, tandis que la science moderne croit y découvrir des erreurs manifestes. Au contraire, ces grands maîtres affirment, avec toute la netteté et toute l'insistance possibles, certains faits et certaines lois qui donnent complétement raison à nos savants contre les néopéripatéticiens, et que ceux-ci passent presque complétement sous silence. Autant donc il semble impossible de concilier la science moderne avec le moderne péripatétisme, autant il est facile de la mettre d'accord avec le péripatétisme d'Aristote et de saint Thomas.

Le but du présent opuscule est de démontrer la réalité de cet accord, par rapport à la question fondamentale de la Cosmologie, à celle de la composition des corps.

Nous ne désespérons pas de pouvoir, plus tard, étendre cette démonstration à toutes les théories principales de la physique moderne, et prouver qu'Aristote et saint Thomas avaient pressenti ces théories, et mis en avant, dans la langue maintenant presque oubliée de leur époque, un système du monde beaucoup moins différent qu'on ne le suppose des idées communément reçues de nos jours.

Nous sommes heureux de pouvoir compléter, par cette nouvelle étude, l'essai de conciliation que nous avons publié, il y a quinze ans, sur l'*Unité de l'enseignement de la Philosophie au sein des Ecoles catholiques* (1). Avec la confusion des ennemis de la vérité, l'union de ses défenseurs est le but le plus digne des travaux du philosophe chrétien. Deux intelligences raisonnables ne pouvant posséder deux certitudes contradictoires, les dissentiments doctrinaux, lorsqu'ils ne naissent point des inclinations perverses de la volonté, ne peuvent résulter que de purs malentendus. C'est dans l'éclaircissement de ces méprises que consiste la vraie conciliation, aussi louable et aussi utile qu'est fausse et pernicieuse celle qui tendrait à marier la vérité avec l'erreur.

(1) Un vol. in-8° de 250 pages. — Paris, maison Périsse, Bourguet-Calas, successeur. Prix : 2 francs.

CHAPITRE PREMIER

Objet du présent travail.

Les universités catholiques renaissent, et les craintes qu'elles inspirent nous donnent la mesure des espérances que nous avons le droit de fonder sur leur restauration. En face de la Babel moderne, de cette science orgueilleuse, dont les architectes, perdus dans leurs propres pensées, détruisent chaque jour les systèmes qu'ils ont construits la veille, nous allons voir s'élever le temple majestueux de la science catholique, dont la base est constituée par les dogmes infaillibles de la foi et par les principes immuables de la raison, dont l'observation et le raisonnement s'entr'aident à poser les assises, dont l'enceinte embrasse la sphère entière du savoir humain, et dans lequel les faits et les lois, les sciences expérimentales et abstraites, les vérités de l'ordre naturel et de l'ordre surnaturel se complètent, se fortifient et s'embellissent par leur mutuel accord. Voilà ce que nous pouvons espérer aujourd'hui et ce qui eut probablement été impossible il y a cinquante ans. Il y avait alors des savants chrétiens, des philosophes, des physiciens, des médecins, des jurisconsultes, qui conformaient leur croyance aux enseignements de l'Eglise et leur conduite à ses préceptes ; mais un ensemble de science chrétienne, une synthèse complète, à laquelle toutes les sciences particulières se rattachassent comme les branches de l'arbre se rattachent au tronc, voilà ce qui n'existait pas et ce qui ne paraissait même pas possible. Ou si une pareille conception existait, à l'état latent, dans quelques esprits, elle ne faisait pas école. Les traditions de cette science chrétienne s'étaient tellement perdues que si elle eut réussi à trouver des maîtres, elle eût dû renoncer à leur amener des élèves. Aujourd'hui, les maîtres sont trouvés, et les élèves accourent. C'est que les traditions des âges chrétiens ont définitivement dominé dans nos écoles le courant d'innovation par lequel nous nous laissions entraîner depuis trois siècles. Saint Thomas a reconquis dans la science l'autorité que le concile du Vatican lui attribuait dans les questions dogmatiques, en plaçant la Somme sur le même trône que les saintes Écritures. Nous ne craignons pas de nous trop avancer en annonçant que, dans toutes nos universités renaissantes, saint Thomas sera reconnu pour maître, non-seulement dans les facultés de théologie, mais encore dans celles de philosophie et de sciences. La médecine elle-même, égarée aujourd'hui par le matérialisme, se laissera ramener par saint Thomas dans les voies de la vraie science, en se rapprochant des enseignements chrétiens sur la nature de l'homme. A défaut d'autres signes, nous trouverions un gage assuré de ce retour si désirable dans le livre que le docteur Frédault vient de mettre au jour (1). Quoi qu'on pense au sujet des opinions particulières du docte écrivain, il est impossible de ne pas voir un heureux signe des temps dans ce fait seul qu'un médecin de la Faculté de Paris vient, dans l'intérêt de la restauration et des progrès de la science médicale, soutenir et démontrer la nécessité de revenir aux théories fondamentales de la physiologie scolastique.

Avouons-le pourtant : ce livre même, après beaucoup d'autres indications analogues, nous signale un point noir dans l'horizon de notre enseignement supérieur. Pour que la doctrine de saint Thomas constitue l'unité de cet enseignement, il faut qu'elle ne donne lieu elle-même à aucune division grave. Pouvons-nous l'espérer ? N'y a-t-il pas au moins une théorie à laquelle certains disciples de saint Thomas attachent une importance capitale, et que le plus grand nombre de savants chrétiens repoussent comme absolument inconciliable avec les faits les plus certains et les inductions les moins discutables ?

Le docteur Frédault l'affirme. Aussi, malgré son attachement à l'ensemble de la doctrine de saint Thomas, et en vertu même de cet attachement, se croit-il obligé d'abandonner en ce point l'Ange de l'école, trompé par l'insuffisance des données expérimentales et par sa confiance excessive dans l'autorité

---

(1) *Forme et matière*, par le Dr F. Frédault, 1 vol. in-8°. Paris, Vaton. Nous signalerons encore comme indiquant les meilleures tendances des notabilités médicales, le livre de M. le Dr Béchet, d'Avignon, intitulé : *les Harmonies médicales et philosophiques de l'homœopathie*, 1 vol. in-8°. — Avignon. Roumanille, éditeur.

d'Aristote. Aux yeux de l'estimable écrivain, la doctrine thomiste, *parfaitement vraie en ce qui concerne la constitution des corps en général*, est inadmissible pour ce qui regarde en particulier le rôle que jouent les éléments dans la formation des composés. Pour être demeuré en ce point trop péripatéticien, le thomisme a fourni des armes aux erreurs qu'il avait combattues avec le plus d'avantage sur les autres terrains ; et il a mis, sur la voie de la science chrétienne, une pierre d'achoppement qui l'arrête aujourd'hui dans son mouvement de retour vers la tradition scolastique.

Placés à un point de vue tout opposé, les champions les plus dévoués de la doctrine thomiste admettent eux aussi comme un fait certain l'opposition inconciliable de cette doctrine avec l'enseignement commun des physiciens modernes ; mais ils refusent de reconnaître dans cet enseignement des savants le verdict de la science. D'après eux, il faut distinguer soigneusement, dans les théories physiques et chimiques qui ont cours dans nos écoles, deux choses que confondent la plupart des chimistes et des physiciens : d'un côté, les faits révélés par l'observation ; de l'autre, les théories déduites de ces faits. Que la science moderne, armée d'instruments inconnus à nos ancêtres, ait découvert grand nombre de faits nouveaux, et démontré par conséquent la fausseté de certaines opinions anciennes, tout le monde en convient ; mais que de ces faits on puisse légitimement déduire des théories contraires aux principes établis par Aristote et par saint Thomas, voilà ce que nient absolument les docteurs dont nous parlons. S'ils s'en tenaient à cette affirmation générale, ils ne trouveraient, croyons-nous, aucun contradicteur au sein des écoles catholiques. Le dissentiment commence quand on en vient à l'application. Quels sont, dans la doctrine de saint Thomas, ces principes certains et immuables qui s'imposent à tous les savants chrétiens, et auxquels on ne doit pas hésiter à sacrifier les théories le plus en vogue de nos jours ? Voilà la question. Question très-grave, évidemment, et dont la solution est, à l'heure présente, d'une urgence absolue. Il faut éviter à tout prix qu'en reprenant possession de son domaine, l'enseignement chrétien donne au monde le scandale d'un divorce contre nature entre la philosophie et les sciences physiques. S'il y a des sacrifices à faire pour rétablir l'accord, il faut s'y résigner de bonne grâce. La vérité ne pouvant être contraire à la vérité, toutes les théories contraires à des principes certains sont certainement fausses ; et en les abandonnant, les savants chrétiens, loin de nuire à la science, serviront très-utilement ses intérêts. Mais avant de se décider à ces sacrifices, ils ont incontestablement le droit d'exiger des preuves. Persuadés que leurs théories sont fondées sur des inductions légitimes, ils peuvent et ils doivent attendre, pour les abandonner, qu'on leur démontre l'incompatibilité de ces théories avec une doctrine certaine. En adoptant une autre conduite, ils risqueraient de compromettre gravement la dignité de l'enseignement chrétien, et de fournir à la science un motif d'hostilité contre la foi.

Il y a là, on le voit, non-seulement pour nos écoles, mais pour l'Eglise elle-même, un sérieux danger à éviter et un intérêt capital à sauvegarder. Aussi ne comprendrions-nous pas que, dans l'examen de cette question, un écrivain catholique se laissât guider par un autre sentiment que par le désir de hâter l'union des esprits par la manifestation plus claire de la vérité. Dieu nous est témoin que ce motif est le seul qui nous pousse à intervenir dans ce débat. Il y a quinze ans, lorsque l'unité de l'enseignement dans les écoles catholiques était troublée par des dissentiments tout autrement profonds, relatifs à l'origine des connaissances intellectuelles, nous avons pris, avec une franchise que plusieurs jugeaient alors imprudente, la défense de la philosophie scolastique. Quelques-uns peut-être nous accuseront aujourd'hui de nous mettre en opposition avec nous-même, et de déserter la cause que nous avons alors soutenue. Nous avons pourtant l'intime assurance que nous la servons plus utilement encore, en écartant, comme nous nous proposons de le faire, l'opposition apparente entre la doctrine scolastique et les sciences modernes. Il nous est démontré, et nous espérons faire partager cette conviction à nos lecteurs, que, pour demeurer d'accord avec saint Thomas, les savants chrétiens n'ont pas à faire le sacrifice des théories généralement admises de nos jours ; et cela pour deux raisons : d'abord, parce que ces théories peuvent invoquer en leur faveur les témoignages explicites d'Aristote, de saint Thomas et de leurs plus illustres disciples ;

en second lieu, parce qu'elles sont parfaitement d'accord avec les vrais principes de leur enseignement.

On le voit : nous posons la question tout autrement qu'elle n'est posée, soit par les thomistes, soit par leurs adversaires. Les uns et les autres supposent qu'entre la physique moderne et la philosophie ancienne, il y a opposition ; et, cela supposé, les uns soutiennent qu'il faut préférer des théories basées sur l'observation à des spéculations sans fondement, tandis que les autres maintiennent la prééminence des principes immuables sur des observations trompeuses. Nous, au contraire, nous soutenons qu'il n'y a ici aucun sacrifice à faire, parce que, entre les théories admises par les vrais savants, et les principes vraiment soutenus par les Pères de la scolastique, Aristote et saint Thomas, il n'y a aucune opposition.

Pour mettre le lecteur en état de porter à ce sujet un jugement éclairé, il faut d'abord exposer l'état de la question, et indiquer les points sur lesquels l'entente peut déjà être considérée comme établie, au sein de nos écoles ; nous entrerons ensuite sur le terrain de la lutte ; et nous verrons si le motif en est aussi réel et aussi sérieux qu'on se le persuade généralement.

CHAPITRE SECOND

Théorie de la matière et de la forme.

Quelle est en général la nature des êtres matériels, et quelle est en particulier la nature de l'homme, en tant que par son corps il appartient au monde matériel ?

Cette question n'appartient pas, au moins exclusivement, à la physique : elle est aussi du domaine de la philosophie et de la théologie. L'objet spécial de la physique est l'étude des propriétés sensibles des corps, l'observation des phénomènes par lesquels se révèlent les forces diverses dont ils sont doués et la détermination des lois qui président à l'exercice de ces forces. Mais c'est à la métaphysique qu'il convient de rechercher les propriétés essentielles qui entrent dans l'idée même du corps, et le distinguent des êtres spirituels. Et comme, dans l'homme, le corps s'unit à l'esprit et partage ses destinées; comme, en Jésus-Christ, le monde corporel a été associé à la dignité divine, la théologie ne peut nous donner une parfaite connaissance de nos destinées et de notre divinisation par l'Homme-Dieu sans s'appuyer sur une notion exacte de la nature des corps.

Pour acquérir cette notion, nous avons deux moyens : l'expérience et le raisonnement. L'expérience d'abord : car nous ne connaissons les corps que par les sensations qu'ils produisent en nous. Mais cette première connaissance, qui n'a pour objet que des phénomènes transitoires, ne suffit pas à nous révéler la nature intime des corps. Pour la découvrir, il faut analyser par la réflexion intellectuelle les faits saisis par l'expérience, et déduire de la nature des effets produits la nature de la cause d'où ils émanent.

Deux conditions sont donc indispensables pour arriver à une solution exacte et complète du problème qui nous occupe : une expérimentation attentive et un raisonnement rigoureux. Aucune de ces deux conditions ne peut suffire sans l'autre : l'expérience ne peut se substituer au raisonnement, de même que le raisonnement ne peut se passer de l'expérience. Mais du moment que ces deux forces s'unissent ensemble, on pourra être assuré d'atteindre le but désiré, autant du moins qu'il est accessible à l'intelligence de l'homme.

Or, de ces deux conditions, il en est une que la philosophie ancienne ne possédait qu'imparfaitement ; elle était dépourvue des puissants moyens d'observation que la science a acquis depuis trois siècles, et à l'aide desquels celle-ci peut suivre jusque dans le monde des infiniment petits les transformations des corps ; mais, en revanche, les Pères de la philosophie scolastique, Aristote, saint Augustin, saint Thomas, possédaient une puissance d'intuition et d'analyse dont nos observateurs modernes sont trop souvent dépourvus. On peut donc s'attendre à ce que, partant des faits généraux que l'expérience de chaque jour révèle à tous les yeux, ces grands génies auront su en déduire la théorie générale de la nature des corps.

Ils l'ont fait réellement ; et ils nous ont donné de cette théorie une formule aussi solide que lumineuse quand ils ont dit que tout corps est un composé de matière et de forme substantielle.

Pour saisir la vérité de cette formule, il suffit d'en comprendre le sens, et de fixer notre attention sur les phénomènes qui s'offrent constamment à nos regards.

Impossible de jeter les yeux sur le monde matériel sans se convaincre qu'il est sujet à une perpétuelle et universelle transformation. Toutes les substances dont il est composé se mêlent sans cesse, et passent les unes dans les autres : les corps inorganiques se combinent entre eux de mille manières ; leurs éléments, en passant du règne minéral dans le règne végétal, y acquièrent une manière d'être toute nouvelle ; et ils ne subissent pas un changement moins profond quand, de la substance des plantes, ils passent dans celle des animaux. De ce fait constant et universel, les anciens philosophes avaient déduit cette conclusion évidente : puisque les substances qui composent le monde matériel se transforment les unes dans les autres, il faut qu'il y ait en elles deux sortes d'éléments : ceux qui leur sont communs et ceux qui les distinguent les unes des autres. Ainsi, dans le pain dont je me nourris, il y a quelque chose qui, de la substance de ce pain, passera dans ma substance ; voilà ce que les anciens philosophes nommaient *matière*. Mais après que la nutrition est achevée, ce qui d'abord était pain et appartenait à la nature végétale est devenu corps humain et appartient à la nature animale ; la matière du pain n'a pas été détruite, mais elle a reçu une nouvelle manière d'être, une nouvelle forme ; et cette forme n'est pas purement accidentelle, comme celle qui pouvait être donnée au pain et changée de mille manières sans qu'il cessât d'être pain. Ici la transformation atteint la substance elle-même, qui cesse d'être ce qu'elle était, pour faire place à une substance toute différente ; la forme que la matière du pain a acquise est donc vraiment une forme substantielle.

Réduite à ces termes, la théorie scolastique est d'une évidence tellement palpable qu'elle devient, en quelque sorte, une vérité de sens commun. Donnez-moi un homme tant soit peu capable de réfléchir, et il comprendra parfaitement que le changement d'un corps dans un autre suppose trois choses : l'une, qui existait déjà et qui demeure : c'est la matière ; une autre qui était et qui cesse d'être : c'est la forme de la substance détruite ; une troisième, enfin, qui n'était pas et qui commence d'être : c'est la forme de la substance nouvelle. Il suffira donc que vous définissiez les termes, pour que cet homme s'accorde avec Aristote affirmant que la génération de toute substance corporelle a trois principes : la matière, la forme et la privation.

Mais pour être évidente et élémentaire, cette théorie n'en est ni moins belle ni moins féconde. Elle nous permet de discerner dans les corps deux ordres de propriétés, qui se rapportent aux deux principes positifs par lesquels chacun de ces corps est constitué : les propriétés passives se rapportent à la matière, les propriétés actives à la forme. D'un côté, l'élément indéterminé et apte par conséquent à recevoir des déterminations différentes ; de l'autre côté, l'élément déterminant et constituant l'être dans son espèce. Et du monde corporel cette théorie étend ses ramifications jusque sur le monde des esprits. Dans nos connaissances intellectuelles, dans les habitudes de notre volonté, dans les vertus surnaturelles, dans les sacrements, dans la classification de tous les êtres, dans la coordination de toutes les sciences, à côté du principe matériel, passif et indéterminé, qui constitue le genre et la puissance, nous retrouverons le principe formel et actif qui détermine cette puissance et spécifie la propriété générique. Il n'est peut-être pas d'expression qui trouve dans la philosophie et dans la théologie une application plus fréquente et plus lumineuse que les mots de matière et de forme et leurs dérivés.

Nous l'avons dit : la théorie scolastique, entendue au sens que nous venons d'expliquer, est admise désormais sans contestation dans la plupart des écoles catholiques, et elle conquiert tous les jours plus d'adhérents parmi ceux-là même qui ne font nullement profession de suivre les traditions scolastiques. Elle a été pourtant combattue, comme l'ont été toutes ces traditions, par des négations en sens contraire. Il a été de mode pendant assez longtemps, et cela parmi les catholiques eux-mêmes, de ne parler de la matière et de la forme qu'en haussant les épaules. Nous avions changé tout cela ; et plus éclairés que les aveugles sectateurs d'Aristote, nous avions découvert la vraie nature des corps, qu'ils n'avaient pas même soupçonnée. Au lieu de deux principes, nos philosophes modernes n'en admettaient qu'un, mais ils ne s'accordaient pas : les uns, les atomistes ne voulaient que l'élément passif, l'*atome ;* et ils ne voyaient pas qu'un être purement passif, outre qu'il serait parfaitement inutile dans l'univers, ne serait pas même connaissable, puisqu'il ne pourrait se manifester par aucune action ; les autres, les dynamistes, n'admettaient que l'élément actif, la force ; et ils ne comprenaient pas que la force ne peut exister qu'à la condition d'appartenir à quelqu'un ou à quelque chose. C'est ainsi qu'en cherchant à s'émanciper du joug de la scolastique, on se mettait en révolte ouverte contre le bon sens. Mais l'erreur est essentiellement changeante ; et voilà qu'aujourd'hui, des rangs les plus avancés de la science moderne, part cette déclaration qui affirme de nouveau, en l'exagérant, le dualisme péripatéticien : « J'ai la conviction que la théorie atomique, qui a joué un rôle si important dans la chimie moderne, n'est qu'un échafaudage imparfait destiné à être renversé ; et, avec les plus éminents physiciens du temps présent, je me sens attiré vers cette vue de la nature qui n'admet dans le cosmos, outre l'intelligence, que deux principes distincts, la matière et la force ; qui considère toute matière comme homogène et toute force comme une dans son principe, et qui rapporte toute la variété des substances aux affections d'un même substratum modifié par le jeu différent des forces. » C'est ainsi que s'exprime l'éminent chimiste américain J. Cooke, dans le livre intitulé : *New Chemistry* (Chimie nouvelle), dont la traduction fera prochainement partie de la Bibliothèque scientifique internationale.

CHAPITRE TROISIÈME

Deux manières d'entendre la théorie de la matière et de la forme.

Ainsi, au moment même où les philosophes catholiques rentrent dans les voies traditionnelles et retrouvent dans leur accord avec les grands maîtres du passé l'indispensable garantie de leur union dans le présent, ils voient revenir à eux les sciences d'observation, qui semblaient avoir fait divorce avec la métaphysique. Il y a là sans doute de quoi nous encourager à faire de nouveaux efforts pour rendre notre union plus étroite encore et notre accord avec les anciens encore plus parfait. Malheureusement, la division commence entre nous, aussitôt que nous cherchons à préciser les données générales qui viennent d'être exposées, et à déterminer la nature des deux principes qui constituent l'essence du corps.

Tant que nous restons dans l'ordre idéal, il n'y a pas de difficulté : .par matière nous entendons tous l'élément passif et potentiel des substances corporelles, comme nous entendons par forme leur élément actuel et actif. Mais cette distinction idéale peut-elle se réaliser dans les faits ?

La matière et la forme, que nous voyons se séparer l'une de l'autre dans les composés organiques, sont-elles également séparables dans les composés inorganiques et dans les corps simples ? La chimie se trompe-t-elle quand elle croit voir dans ceux-ci le dernier terme de la décomposition de tous les autres corps ? Faut-il admettre qu'ils se décomposent eux-mêmes en deux principes premiers, en une matière qui leur est commune et en la forme propre à chacun d'eux ; ou bien faut-il reconnaître que, dans chaque corps simple, la matière et la forme, le principe actif et le principe passif, l'élément déterminable et l'élément déterminant sont réellement inséparables et distincts seulement par la pensée ?

Nous venons de formuler les deux interprétations de la doctrine scolastique qui divisent nos écoles, et y soulèvent des luttes dont la vivacité nous paraît dépasser de beaucoup la gravité réelle du sujet.

D'un côté, on soutient que tous les corps terrestres et atmosphériques sont formés d'une matière commune à tous ces corps, et passant des uns dans les autres ; dénuée par elle-même de toute propriété spécifique et de toute activité, mais recevant successivement les propriétés et les forces des substances dans lesquelles elle passe ; n'ayant aucune forme à elle, et ne demeurant pourtant jamais dépouillée de toute forme, parce que, à mesure qu'elle perd la forme première, elle en acquiert une nouvelle. Dans ce système, il n'y a dans la nature aucun corps simple, dans le sens que la chimie donne aujourd'hui à ce mot, c'est-à-dire qu'il n'y a aucune substance indécomposable. L'oxygène, l'hydrogène et tous les corps semblables sont composés, comme tous les autres, de matière et de forme ; et loin d'être inséparables, ces deux principes se séparent de fait l'un de l'autre, chaque fois que les corps appelés simples se combinent ensemble. Ils perdent alors leur forme, leur être spécifique ; et il ne reste d'eux que la matière, laquelle revêt un être nouveau, sauf à recouvrer plus tard sa forme première, si elle est abandonnée par celle qui lui donne son existence présente.

Dans l'autre système, au contraire, les éléments premiers de tous les composés organiques et inorganiques sont des corps simples, ainsi nommés parce qu'aucune force, soit mécanique, soit chimique, ne peut les décomposer. Dans ces corps, par conséquent, le principe actif est inséparable du principe passif ; les forces qui les distinguent, lorsqu'ils sont isolés, ne les abandonnent pas lorsqu'ils se combinent ensemble pour former les divers composés. Dans la combinaison, ces forces, modifiées par leur action mutuelle, se manifestent pas des phénomènes différents de ceux qui résultaient de leur action isolée ; mais aussitôt que la combinaison sera dissoute, les forces, qu'elle avait modifiées sans les détruire, se révèleront de nouveau par leurs effets primitifs.

Ces deux doctrines sont donc en opposition, soit par rapport aux éléments primitifs des corps, soit à l'égard des composés.

Tandis que, pour la première, l'élément primitif de tous les corps est une matière homogène dénuée par elle-même de toute forme et de toute force, il y a, dans l'autre système, plusieurs éléments primitifs doués de forces essentielles à chacun d'eux, qui les distinguent les uns des autres.

Pour les anciens, les composés eux-mêmes n'ont jamais qu'un seul principe de force, une seule forme substantielle ; pour les modernes, les forces des corps simples subsistent dans les composés, sauf à être dominés, dans les composés vivants, par la force vitale.

Il y a donc deux questions distinctes : celle des corps simples et celle des composés ; mais au point de vue de la science expérimentale, ces deux questions se réduisent à une seule : car, comme on n'est jamais parvenu à décomposer les corps simples, on ne peut soutenir que, dans ces corps, le principe actif est séparable du principe passif qu'autant qu'on suppose que cette séparation s'opère lorsque ces corps se combinent ensemble. Tel est donc le point qu'il faudra d'abord examiner, pour savoir jusqu'à quel point la chimie moderne, qui soutient la permanence des forces élémentaires dans les composés, est conciliable avec la doctrine péripatéticienne qui, suivant ses modernes défenseurs, ferait disparaître dans la combinaison les forces des composants, pour les remplacer par les forces de la forme unique du composé.

On trouvera à l'Appendice (1) un exposé très-net de ces deux systèmes, rédigé par un professeur d'une de nos Facultés catholiques, déjà avantageusement connu dans le monde savant par plusieurs doctes ouvrages. Invité à donner son avis sur la possibilité de concilier les deux théories rivales, il a mis en regard les solutions que chacune des deux écoles donne aux principaux problèmes relatifs à la constitution des corps.

Nous prenons d'autant plus volontiers cet exposé pour base de notre étude qu'il a été reproduit, quant aux trois premiers articles, par la *Scienza italiana*, revue nouvellement fondée en Italie pour soutenir le système péripatéticien. L'éminent rédacteur de cette revue admet l'exactitude de l'exposé ; mais, tandis que l'auteur de ce dernier document conclut en faveur de la science moderne, son critique se fait fort de démontrer que, à l'égard des trois questions proposées, la solution péripatéticienne est seule admissible.

L'examen des arguments mis en avant de part et d'autre nous fournira toute facilité pour juger laquelle des deux doctrines est plus conforme aux enseignements de saint Thomas et aux vrais principes de la philosophie.

(1) Voyez Appendice I.

CHAPITRE QUATRIÈME

Arguments en faveur du système thomiste.

Il est probable que ceux de nos lecteurs demeurés jusqu'à ce jour étrangers à la controverse qui nous occupe, éprouveront, à la lecture de l'exposé auquel nous venons de les renvoyer, une impression défavorable à l'égard de la doctrine désignée par le nom de péripatéticienne. Pour être juste, nous devons les prévenir contre cette impression, en les avertissant que si cette doctrine a contre elle les apparences sensibles, elle a pour elle de graves raisons.

Ces raisons sont surtout les suivantes :

Il semble d'abord que la doctrine péripatéticienne offre seule une sauvegarde suffisante à l'unité substantielle des corps inorganiques, gravement compromise par le système opposé. Il n'y a en effet dans les corps que deux sortes de propriétés : les propriétés substantielles et les propriétés accidentelles. On nomme substantielles toutes les propriétés qui donnent à un corps son être propre et le constituent dans son espèce. Une fois doté de son existence spécifique, tant qu'il n'en sera pas dépouillé pour en revêtir une autre, toutes les propriétés et les relations qu'il pourra acquérir seront purement accidentelles. Or, dans le système de l'école chimique, les corps simples ont, par eux-mêmes et dès l'origine, une existence déterminée et des propriétés essentielles dont ils ne peuvent plus être dépouillés. Ce sont donc de véritables substances ; et les corps composés auxquels nous donnons ce nom ne sont pas des substances, mais des agrégats de substances. Si l'oxygène et l'hydrogène, en se combinant ensemble pour former l'eau, conservent leurs principes constitutifs et leurs propriétés spécifiques, l'eau n'est pas *un* corps, mais un assemblage de deux corps. Cette conséquence n'est-elle pas contraire au sens commun et aux conclusions de la science ? Celle-ci en effet établit une distinction essentielle entre les composés chimiques et les simples mélanges : ces derniers n'ont qu'une unité accidentelle et apparente, puisque, en réalité, ils sont composés de molécules parfaitement distinctes les unes des autres et séparables par des moyens mécaniques. Dans les composés chimiques, au contraire, chacun des composants se compénètre tellement avec l'autre qu'aucune force mécanique ne peut les disjoindre. Ils se retrouvent ensemble dans les moindres parties de l'espace occupé par le composé ; en un mot, ils ne sont pas seulement *unis* comme dans les mélanges, mais ils sont vraiment *un*. Cette unité s'explique parfaitement dans la doctrine péripatéticienne, qui supprime les formes substantielles des composants pour leur substituer la forme unique du composé ; mais ne devient-elle pas inexplicable dans le système contraire ?

Un autre inconvénient plus grand encore semble résulter de celui-là : si les corps simples conservent leurs principes actifs et par conséquent leur individualité, dans les composés inorganiques, ils les conservent également dans les composés vivants, dans le corps humain, par exemple. Saint Thomas admet cette assimilation des deux genres de composés, et les savants la tiennent pour indubitable. Il y aurait donc, dans l'homme, avec l'âme raisonnable, autant de principes actifs qu'il y a d'éléments ou de corps simples. L'homme par conséquent ne serait plus une substance unique, mais un agrégat d'une multitude de substances ; l'union de l'âme avec ces éléments ne serait plus substantielle mais accidentelle ; et l'on ne pourrait plus dire avec le concile de Vienne et avec Pie IX que l'âme est la forme essentielle et immédiate du corps humain.

Telles sont les preuves principales qu'apportent en faveur de cette doctrine ses modernes défenseurs. Les anciens produisaient encore d'autres arguments fondés sur l'expérience, qu'on n'a plus le droit d'alléguer aujourd'hui, vu qu'une observation plus exacte a démontré la fausseté des faits d'où ils étaient déduits. Il nous est également impossible de saisir la force probante d'une considération sur laquelle s'appuient parfois les nouveaux thomistes. Entre l'étendue dont ils font la propriété de la matière, et la force qu'ils attribuent en propre à la forme, ils croient trouver une opposition trop grande pour que l'une et l'autre puissent résulter ou, comme ils disent, pulluler d'un même principe ; et ils en concluent que, même dans les éléments, la matière doit être réellement distincte de la forme. Cette conclusion ne nous paraît nullement ressortir des prémisses, qui elles-mêmes sont très-contestables. Il ne s'agit pas de savoir si l'étendue et la force procèdent d'un même principe, mais si elles coexistent dans un sujet absolument identique. Or, si différentes que soient ces propriétés, on ne voit pas qu'elles s'excluent l'une l'autre ; au contraire, il paraît évident qu'elles sont inséparables. N'est-ce pas un principe unanimement admis par les scolastiques, que, dans tout être, l'opération, et par conséquent la force, a pour principe l'être lui-même : *Operari sequitur esse ?* Comme l'être simple et spirituel implique une force simple et spirituelle, ainsi à la substance matérielle et étendue est nécessairement inhérente une force matérielle et étendue. Il n'y a certainement pas plus d'opposition entre l'étendue et la force matérielle qu'il n'y en a entre l'intelligence et la puissance végétative, dont l'âme humaine est simultanément douée.

Mais à défaut de ces arguments, ceux que nous avons précédemment exposés pourraient suffire ; et nous ne devrions pas hésiter à repousser la doctrine de l'école chimique s'il était démontré qu'elle détruit l'unité substantielle du corps en général et de l'homme en particulier.

CHAPITRE CINQUIÈME

Précis historiques de la controverse.

Avant d'entrer dans la discussion des systèmes que nous venons d'exposer, il ne sera pas inutile de jeter un rapide regard sur l'histoire de cette controverse, et sur la situation présente des deux partis.

Ce n'est pas d'aujourd'hui en effet qu'on a commencé à scruter le problème de la composition des corps, et à mettre en avant pour le résoudre des hypothèses opposées. La grande querelle des universaux n'était pas encore apaisée, que déjà on commençait à se combattre sur ce nouveau terrain. La question de la pluralité des formes dans les corps, et en particulier dans le corps humain, est une de celles au sujet desquelles l'école dominicaine de saint Thomas et l'école franciscaine de Scot se divisèrent dès l'origine ; et nous avons lieu de croire que cette division, maintenue et aggravée par l'ardente rivalité des deux écoles, a été un des obstacles principaux à la calme solution du problème.

Déjà les commentateurs arabes d'Aristote avaient pris parti dans cette question, et ils s'étaient jetés dans l'extrême opposé au système thomiste. D'après eux, les éléments restent dans tous les composés et par conséquent dans le corps humain, soit avec l'intégrité de leur nature, comme le voulait Avicenne, soit, comme l'enseignait Averroès, en atténuant l'intensité de leurs formes substantielles, à la manière des accidents. (S. Th. Somme théol. I q. 76 à 4. ad 4.) Le docteur angélique repoussa de toutes ses forces ce système incompatible avec l'unité du composé humain. Il enseigna donc que, dans l'homme, et par conséquent dans toutes les autres substances composées, il n'y a qu'une seule forme substantielle, qui donne à chaque substance son être spécifique. Dans l'homme, cette substance est l'âme raisonnable ; et par conséquent c'est de l'âme que le corps tient l'être qui le constitue dans son espèce, et le distingue de tous les autres corps. Cette doctrine paraît avoir été vivement combattue, dans l'Université de Paris, du vivant même de saint Thomas ; mais après sa mort, l'école scotiste s'étant formée, et ayant acquis un ascendant considérable, à la faveur des vicissitudes politiques, les attaques contre la doctrine de saint Thomas, exagérée peut-être déjà par ses disciples, acquirent un nouveau degré de violence. Les Universités anglaises s'unirent à celle de Paris pour la combattre ; et elle fut même condamnée comme contraire à la foi catholique par Peckham, archevêque de Cantorbéry (1). On ne lui opposait pas en effet seulement des objections philosophiques ; on l'accusait encore d'ébranler plusieurs dogmes de foi. Si le corps, disait-on, est redevable à l'âme seule de son existence déterminée, les

(1) On trouvera dans l'Appendice II le curieux texte de cette condamnation, dans laquelle l'unité de forme substantielle dans l'homme est présentée comme une doctrine récemment introduite dans les écoles et contraire à l'enseignement unanime des Pères et des Docteurs.

corps des saints ne sont plus, après leur mort, les mêmes que durant leur vie ; ils ont revêtu une forme spécifiquement différente, et qui n'a rien de commun avec l'âme sainte par laquelle ces corps furent jadis animés ; et comme la matière reçoit de la forme seule toutes ses propriétés et toute sa dignité, nous n'avons plus le droit d'honorer ces reliques, qui ont perdu tout ce qui les rendait dignes de notre vénération.

On tirait de cette même théorie une autre conséquence difficile à concilier avec la doctrine catholique relative au mystère de l'Incarnation. Nous savons par la foi qu'il n'y a rien et qu'il n'y a jamais rien eu dans l'humanité de Jésus-Christ qui n'ait été élevé à la dignité divine, par l'union hypostatique avec la personne du Verbe. Que dirons-nous donc de l'état où fut réduit son corps adorable, pendant le temps qui s'écoula entre la mort du Sauveur et sa résurrection ? Durant tout ce temps, le corps de l'Homme-Dieu avait une existence actuelle, et ce n'était plus à l'âme qu'il en était redevable ? De quel principe la tenait-il donc ? Dirons-nous qu'à l'instant de la mort de son Fils, Dieu a créé pour remplacer l'âme une *forme cadavérique*? Mais alors il faudra supposer que cette forme a été hypostatiquement unie à la divinité, et que cette union a duré trois jours à peine, contrairement à l'axiome des saints docteurs, d'après lesquels le Verbe n'a rien abandonné de ce qu'il s'est une fois hypostatiquement uni : *Quod Verbum semel assumpsit nunquam dimisit.*

On opposait encore à la théorie thomiste une troisième difficulté, qui s'est aggravée par suite des définitions du concile de Trente. D'après ce concile, il y a cette différence entre la présence du corps de Jésus-Christ dans la sainte Eucharistie et la présence de son âme, que le corps est, dans ce Sacrement, en vertu des paroles de la consécration, tandis que l'âme y est uniquement par concomitance. Or, cette différence n'existe plus si la théorie en question est supposée vraie ; car du moment que l'âme donne au corps ce par quoi il est corps, les paroles en vertu desquelles le corps est présent sous les apparences du pain y rendent l'âme présente ; et par conséquent il est faux que l'âme soit dans ce Sacrement par concomitance. L'objection est aggravée plutôt que résolue par une réponse que les thomistes empruntent au docteur angélique : « La forme du pain, dit-il, est changée en la forme du corps de Jésus-Christ, en tant que cette forme donne au corps son être corporel, mais non en tant qu'elle lui donne sa vie. » (III, q. 75, a. 6, ad 2.) Or, disent les adversaires, la forme du corps en tant que donnant l'être corporel, n'est pas autre que l'âme, dans le système thomiste ; donc ce n'est point par concomitance, mais directement et par la vertu même des paroles de la consécration que l'âme est présente sous les espèces du pain.

Pour échapper à ces difficultés, les scotistes soutenaient qu'avec l'âme raisonnable, qui donne au corps humain sa vie et son être spécifique, il y a une forme inférieure et subordonnée, qui donne à ce corps son existence corporelle, sa *corporéité*, comme ils disaient, et qui lui conserve son identité alors même que la mort l'a séparé de l'âme.

Tel est l'aspect sous lequel la controverse présente a été envisagée, durant des siècles, par les deux grandes écoles rivales : il s'agissait de savoir si une substance quelconque peut avoir à la fois plusieurs formes substantielles : les scotistes affirmaient ; les thomistes niaient ; et comme aux mêmes arguments on opposait constamment les mêmes réponses, chaque parti gardait ses positions, et la question ne faisait pas le moindre progrès. Lorsque la Compagnie de Jésus survint, et créa, au sein de l'école thomiste, un courant spécial de doctrine, ses principaux docteurs, Suarez en particulier, ne purent point, sur un terrain aussi vivement disputé, abandonner le drapeau du thomisme. Cependant nous verrons plus tard Suarez, d'accord quant aux expressions avec le reste de son école, adopter en réalité une opinion moyenne qui se rapproche beaucoup de celle de Scot. Lessius est plus hardi et admet ouvertement dans le corps humain plusieurs formes partielles subordonnées à l'âme. Telle est aussi la doctrine du cardinal Tolomei. Le P. de Losada, sans se hasarder à l'adopter, avoue qu'elle a pour elle de graves raisons, et qu'elle est soutenue par des maîtres distingués dont les ouvrages n'ont pas été mis au jour. Il ne manque pourtant pas de livres imprimés par des écrivains de la Compagnie de Jésus, au dernier siècle, où la théorie de la pluralité des formes est enseignée. Nous citerons entre autres Ulloa, en Espagne, et Mayr en Allemagne. Aujourd'hui, si nous sommes bien informés, le système thomiste n'est enseigné, à Rome même, qu'au couvent de la Minerve, où il a, dans la personne du P. Zigliara, un interprète aussi habile que modéré. Dans tous les autres établissements d'éducation, y compris le Séminaire romain, on a adopté pour l'enseignement philosophique des auteurs plus favorables aux théories modernes. Ce fait suffirait seul à prouver que le Saint-Siége laisse, dans cette matière, aux écoles une pleine liberté. On avait cru pouvoir donner une signification contraire à un bref récemment adressé par le souverain Pontife au fondateur de l'académie philosophico-médicale de Saint-Thomas. Mais nous tenons de bonne source que Sa Sainteté, interrogée sur la pensée qui a inspiré ce bref, a déclaré avoir eu uniquement en vue d'encourager les bonnes études, mais nullement de restreindre la liberté des écoles catholiques.

CHAPITRE SIXIÈME

Accord de la théorie chimique avec la doctrine péripatéticienne interprétée par Suarez.

Fixés sur les antécédents des deux écoles, nous sommes en état d'apprécier leurs prétentions rivales, et de juger s'il est aussi impossible qu'on le suppose généralement de les mettre d'accord.

Il faut pour cela distinguer dans cette controverse deux questions très-différentes, dont l'une est exclusivement propre à la philosophie, tandis que l'autre concerne également la philosophie et la physique : la question des formes et la question des forces.

Les éléments ont-ils une forme essentielle, distincte par la pensée de la matière, mais réellement inséparable ; et conservent-ils cette forme lorsqu'ils s'unissent ensemble pour former un composé ? Telle est la question que nous nommons purement philosophique. Nous l'examinerons plus tard ; mais en ce moment nous voulons en faire abstraction. Notre but étant de montrer l'accord entre la science moderne et la philosophie scolastique, il faut nous occuper avant tout du sujet débattu entre les deux écoles. Or, les formes substantielles ne sont pas impliquées, au moins directement, dans ce débat. Dans l'exposé que les physiciens modernes nous offrent de leur doctrine, le mot forme ne se rencontre jamais : il n'y est question que de forces. Tout ce qu'on veut, c'est que les forces des corps simples ne soient point détruites, mais simplement modifiées, lorsque ces corps entrent dans la formation des composés soit organiques soit inorganiques. Or ce point, dans lequel se résume tout le débat entre les néopéripatéticiens qui se piquent le plus d'orthodoxie philosophique et les défenseurs catholiques de la science moderne, est expressément affirmé et victorieusement démontré par les plus illustres maîtres de l'école péripatéticienne. C'est là un fait historique parfaitement certain, bien qu'il soit également oublié par les deux partis.

Pour le prouver, il suffit de faire remarquer que les propriétés actives des corps, la visibilité, la force de résistance et d'attraction, d'où naissent les différentes couleurs, la densité, la dureté, l'état liquide ou solide, au lieu d'être considérées par les anciens comme des forces ou comme le résultat de forces, étaient considérées comme des qualités et par conséquent comme des accidents. Si donc nous voulons nous informer de la manière dont ces philosophes résolvaient la question de savoir si les forces des corps simples sont détruites, ou si elles demeurent dans ces corps, lorsqu'ils se combinent pour former d'autres corps, il faut changer les termes, et leur demander s'ils croient que, dans la mixtion ou dans la génération, les éléments perdent ou conservent leurs qualités, leurs dispositions, leurs accidents ; si les accidents ont pour sujet immédiat la forme substantielle, ou s'ils restent dans la matière après la destruction de cette forme ; ou bien encore si, dans la génération, les corps sont réduits à la matière première. Ces différentes formules n'expriment qu'une même question, celle que nous examinons en ce moment. Or, nul homme versé dans la connaissance de l'ancienne philosophie ne peut ignorer que la question posée en ces termes a été vivement discutée parmi les docteurs scolastiques du dernier âge, et résolue par plusieurs des plus illustres dans le sens de l'école chimique. Et ces savants hommes, à qui la doctrine d'Aristote et de saint Thomas était sans doute aussi familière qu'à nous, soutiennent qu'ils sont sur ce point en parfait accord avec ces grands maîtres ; et, en dehors de l'autorité qu'ils prétendent avoir pour eux, ils apportent à l'appui de leur opinion des arguments rationnels d'une grande force.

Contentons-nous de rapporter d'après Suarez (*Metaph. disp.* VIII, § 1, n. 20) l'un de ces arguments, qui paraît absolument démonstratif. Si, dans le composé, soit organique, soit inorganique, les qualités et les forces des éléments disparaissaient pour être remplacées par les qualités de la forme substantielle du composé, aussitôt que cette forme est détruite, les qualités devraient immédiatement disparaître. Or, dit Suarez, « nous voyons que le cadavre de l'homme, dans les moments qui suivent immédiatement la mort, conserve les mêmes accidents corporels qu'il possédait durant la vie, à l'exception des qualités propres aux êtres vivants, et qui provenaient de l'activité de l'âme. » Les défenseurs de l'opinion contraire expliquent ce fait en disant que ces accidents paraissent les mêmes, mais qu'en réalité ils sont distincts : qu'entre la couleur, la chaleur, la forme du cadavre, et les qualités analogues du corps vivant il y a similitude spécifique et non identité numérique ; « mais, ajoute Suarez, nous ne pourrions admettre cette réponse qu'autant que nous aurions une raison décisive de donner un démenti à nos sens et qu'il serait possible d'assigner une cause capable de reproduire ces qualités après qu'elles auraient été détruites... En effet, si, à l'instant de la mort, le corps perd toutes ses qualités (sa forme, sa couleur, sa chaleur, etc.), pour qu'elles puissent se trouver, à l'instant, dans le cadavre, il faut qu'il y ait là une cause capable de les reproduire. Or, il est le plus souvent impossible de découvrir une cause de ce genre. »

Le P. de Lossada, disciple de Suarez, rend la chose sensible par un exemple. Supposons, dit-il, qu'un nègre meure étouffé par une avalanche de neige. Aussitôt après sa mort, son cadavre aura encore quelque chaleur, et sa peau d'ailleurs conservera sa couleur d'ébène. D'où viennent cette couleur et cette chaleur ? Dans le système généralement admis aujourd'hui la réponse est facile. Ces qualités ayant pour sujets les éléments du corps, et étant le résultat de leurs forces chimiques, ne disparaîtront pas nécessairement lorsque l'âme cessera d'animer le corps. Elles demeureront donc jusqu'à ce qu'elles cèdent à l'action des forces externes. Mais si l'on veut qu'il n'y ait dans le corps d'autres forces, et par conséquent d'autres qualités que celles de l'âme, comment expliquer cette couleur et cette chaleur que nous trouvons dans le cadavre du nègre? Puisque ces qualités qu'il possédait durant sa vie ont été détruites avec elle, pour qu'elles soient en lui après sa mort, il faut qu'elles y soient reproduites. Mais par quelle cause? Est-ce la blancheur de la neige qui a donné à ce corps sa couleur noire? Est-ce le froid de cette même neige qui lui a donné sa chaleur? — Qu'on veuille bien le remarquer : ce ne sont pas des partisans exagérés de la science moderne qui opposent aux néopéripatéticiens cet irréfutable argument; ce sont des péripatéticiens de vieille roche, qui avaient passé leur vie à étudier Aristote et saint Thomas, et qui faisaient hautement profession de suivre l'enseignement de ces grands maîtres. Que d'autres aujourd'hui entendent autrement leur doctrine, libre à eux; mais ce qui ne semble pas être permis c'est de présenter comme des adversaires de la philosophie scolastique ceux qui, appuyés sur des arguments évidents, interprètent Aristote et saint Thomas comme il a été interprété par plusieurs de leurs plus fidèles disciples.

CHAPITRE SEPTIÈME

La doctrine de l'école chimique appuyée sur l'autorité d'Aristote.

Il ne tient qu'à nous, du reste, de nous assurer de la fidélité avec laquelle Suarez a exposé la pensée du fondateur de l'école péripatéticienne. Laissons ce dernier s'expliquer lui-même, et nous nous convaincrons sans peine qu'il n'a pas entendu autrement sa doctrine. Dans plusieurs de ses écrits Aristote va même plus loin que Suarez, puisqu'il affirme très-clairement que les éléments conservent dans le composé l'intégrité de leur être. C'est ce que reconnaît le P. Silvestre Maurus, quoiqu'il nie que tel ait été le vrai sentiment du Stagyrite.

Voici ses paroles (*Quæst. philos.*, t. III, App., lib. III, q, 2.) :
« Bien qu'Aristote, lorsqu'il ne touche qu'incidemment cette
question, suppose vraie l'opinion des anciens, d'après laquelle
les éléments demeurent en acte dans le composé, il parle autrement dans le livre I *De Generatione*, à partir du texte 82, où
il traite la question *ex professo.* » Ce passage est également
celui auquel nous renvoie le savant rédacteur de la *Scienza italiana*, pour y trouver la vraie pensée d'Aristote ; et afin de
nous faciliter cette recherche, il a pris pour texte de sa dissertation le commentaire de saint Thomas sur le chapitre X *De Generatione*. Nous ne pouvons mieux faire que de suivre cette
indication ; car l'étude à laquelle on nous convie est du plus
haut intérêt. Elle suffirait, au besoin, pour justifier l'estime
professée par les docteurs scolastiques à l'égard du fondateur
de l'école péripatéticienne. Comment ne pas admirer la prodigieuse perspicacité de ce génie, qui, il y a vingt-deux siècles,
traçait les lois de la combinaison chimique avec toute l'exactitude que pourrait y mettre aujourd'hui un savant, aidé de tant de
nouveaux moyens d'observation et de trois siècles de recherches ! C'est en effet de la combinaison chimique qu'il est question
dans ce chapitre. Aristote, qui la nomme μίξις, mélange, la distingue très-soigneusement de ce que la chimie désigne aujour-
d'hui par ce nom, à savoir de la réunion, dans des proportions
indéterminées, de corps ou de molécules demeurant distincts les
uns des autres et rapprochés uniquement par les forces mécaniques. Ainsi, le vin est mêlé à l'eau, la farine de blé à la farine
d'orge, sans subir aucun changement. C'est ce qu'Aristote nomme
μίξις προς την αἴσθησιν, σύνθεσις, *mixtio secundum sensum, compositio*. La différence qu'Aristote met entre ces deux genres
d'union, c'est que, dans le second cas, chacun des composants
conserve sans altération sa propre nature, et est simplement
juxtaposé à l'autre ; tandis que, dans la combinaison, chacun
des composants influe sur l'autre, de manière à ce que ni l'un
ni l'autre ne conserve dans son intégrité sa nature première,
bien que tous les deux demeurent réellement dans le composé :
*Hæc quæ mixta sunt non esse corrupta, nec ultra eadem sim-
pliciter esse necesse est.* Ce premier point est admis sans conteste par la physique moderne.

D'un autre côté, Aristote n'établit pas une différence moins marquée entre la combinaison et la génération. Nous ferons observer à ceux de nos lecteurs qui ne sont pas familiarisés avec la terminologie scolastique, que par génération les anciens philosophes entendaient non-seulement la production d'un être vivant, mais généralement la production de toute nouvelle substance. Ils la distinguaient de la création, en ce que cette dernière ne suppose aucune matière préexistante, et tire l'être tout entier du néant; tandis que la génération suppose la préexistence de la matière, et consiste dans la détermination de cette matière à une nouvelle existence spécifique, ce qui se fait par la forme substantielle. Ainsi, dans la génération de la plante, toute la matière dont se compose la graine préexistait dans la plante mère ; la génération a lieu lorsque cette matière est animée par un nouveau principe vital, qui est la forme substantielle de la nouvelle plante. Cette forme est produite *ex nihilo sui;* mais comme elle est produite dans un sujet préexistant, sa production diffère de la création, qui est définie : *productio ex nihilo sui et subjecti.*

Or, Aristote soutient que la génération ainsi comprise diffère essentiellement de la combinaison chimique; *manifestum est quod oportet differre mistionem a generatione et corruptione ;* et la raison qu'il en donne est celle-ci : toute génération suppose la production d'un être nouveau, et ne peut résulter de la simple union de choses préexistantes. Ainsi, Aristote concevait la combustion comme une véritable génération, parce que, trompé par des observations incomplètes, il se persuadait que la flamme est, non une combinaison de l'oxygène avec le carbone contenu dans le bois, mais une forme nouvelle, engendrée dans le bois à mesure que la substance du bois se corrompt : *Neque materiam ignis mistam esse, neque misceri dum comburitur, sed ignem gigni et materiam corrumpi dicimus.* Il ne se passe rien de semblable dans la combinaison, puisque les éléments dont se forme le composé ne sont nullement corrompus, mais demeurent unis l'un à l'autre. C'est ce qui ressort de la définition qu'Aristote nous donne de l'élément, au livre V de sa *Métaphysique* : « On nomme élément ce par quoi commence la composition, qui existe dans le composé, qui est indivisible en parties d'espèce différente, et à quoi se termine la décomposition ;

id ex quo aliquid componitur primo, inexistente, indivisibili
specie in aliam speciem, et in quod ultimo dividitur. »

S'il faut distinguer la combinaison de la génération, sera-t-il
permis de la confondre avec l'*altération*? Par ce nom les scolastiques désignaient, après Aristote, le changement qu'un être,
intact quant à sa substance, peut subir dans ses qualités, dans
ses formes accidentelles. Or, ce changement ne suffit pas,
comme fait remarquer Aristote, pour rendre raison de la combinaison. Car un corps simplement altéré, un corps, par exemple, qui change de couleur, demeure substantiellement le même,
tandis que les éléments du composé chimique ne demeurent pas
les mêmes : *non permanent actu, uti corpus et albedo.*

Qu'est-ce donc alors que la combinaison ? Comment les corps
simples, entre lesquels elle s'opère, peuvent-ils tout à la fois demeurer dans le composé, et subir une modification substantielle ?
Aristote écarte la contradiction apparente de ces deux conditions
en remarquant qu'un être peut être conservé de deux manières,
dans son actualité et dans sa puissance. Dans le composé
chimique, les corps simples, sans être détruits, ne conservent
pas leur actualité ; ce qui reste, c'est leur puissance, leur force :
Neque permanent actu, neque corrumpuntur, aut alterum
eorum ; nam eorum virtus atque potentia salva manet.

N'est-ce pas dire, presque dans les mêmes termes, ce que les
savants modernes nous donnent comme le résultat certain des
observations chimiques, à savoir que les forces des corps simples demeurent dans le composé, bien qu'elles ne se révèlent
pas dans l'intégrité de leur nature ?

On pourrait pourtant mettre en doute l'identité des deux doctrines, à cause de l'ambiguité du mot puissance (δυναμις) em-
ployé par Aristote. Ce mot peut, en effet, être pris dans le sens
actif ou passif ; il peut signifier force ou possibilité. Dans ce
second sens, les forces des corps simples réellement détruites
ne resteraient dans le composé qu'en tant qu'elles pourraient
être reproduites après la décomposition ; dans le premier sens,
elles y resteraient en tant que leur énergie, tout en subissant
une modification intime, subsisterait pourtant, et continuerait à
se manifester, bien que d'une manière différente. Si la formule
d'Aristote doit être entendue dans le premier sens, elle est réelle-

ment opposée à la théorie communément admise par nos savants ; il y a au contraire, entre l'une et l'autre, conformité parfaite, si c'est dans le second sens qu'Aristote entend la conservation des forces élémentaires. Or, que telle soit sa pensée, c'est ce qui ressort manifestement des explications qu'il donne dans la seconde partie du chapitre.

Là il établit avec la plus parfaite exactitude les lois de la combinaison. Il remarque d'abord qu'elle ne peut se faire qu'entre des éléments dont les proportions sont fixes et nettement définies (εὐόριςον) ; qu'elle suppose la subdivision la plus grande : *Parva autem dum parvis admoventur propensius misceri solent* ; qu'elle ne se fait qu'entre des éléments contraires, qui par leur contrariété même sont, les uns à l'égard des autres, actifs et passifs : *Patet igitur ea esse mistilia quæcumque ex agentibus contrarietatem habent, hæc enim inter se passiva sunt.*

Telle est en définitive la théorie de la combinaison ; je ne pense pas que la science moderne ait rien dit à ce sujet de plus lumineux. Ces éléments, qui ont l'un à l'égard de l'autre cette double puissance active et passive, c'est-à-dire qui ont tout à la fois la puissance d'exercer et de subir une mutuelle influence, du moment qu'ils se trouvent rapprochés dans des proportions convenables, s'attirent par cette affinité qui résulte de leur contrariété même ; chacun des deux agit sur l'autre, et chacun subit l'action de l'autre. Leurs forces s'unissant, elles se modifient ; et leur combinaison produit une résultante chimique, analogue à la résultante produite par le concours de deux forces mécaniques. Aucun des deux composants ne se transforme dans l'autre, mais de leur union résulte un composé, qui est en quelque sorte mitoyen : *Cum potentias habent quodammodo æquales, tunc utrumque e sua quidem mutatur natura in id quod vincit* (εἰς τὸ κρατοῦν, c'est-à-dire que chacun des deux composants s'assimile en quelque manière à la vertu active et dominante de l'autre) ; *non tamen fit alterum ; sed inter utrumque medium quid atque commune.* Aristote déduit de cette théorie sa définition de la combinaison. Ce n'est pas une corruption, dit-il, et ce n'est pas non plus un simple assemblage de composants qui demeurent les mêmes ; c'est l'union de plusieurs composants qui s'altèrent l'un l'autre : *mistilium alteratorum unio.*

Saint Thomas, en commentant cette définition, fait justement remarquer que l'altération dont Aristote parle ici n'est pas l'altération proprement dite, celle qui n'atteindrait que de purs accidents; celle-ci atteint les qualités et les forces. *Quæ alteratio improprie sumitur, et est intelligenda de virtutibus seu qualitatibus.*

Cette explication, dont nul ne contestera le caractère éminemment scientifique, met en pleine lumière la profonde différence qui sépare la combinaison du simple mélange. Tandis que celui-ci rapproche les composants par l'étendue, ou, comme disent les anciens, par la quantité, la première les unit par leurs forces ; la première produit une simple juxtaposition, la seconde une véritable assimilation. Dans le mélange, chaque composant occupe une certaine partie de l'espace, de telle sorte qu'un œil plus perçant que celui du lynx, pour me servir de l'expression d'Aristote, pourrait discerner l'un de l'autre ; dans la combinaison, au contraire, chacun des composants est modifié dans son élément passif par l'élément actif de l'autre composant : l'oxygène est hydrogéné et l'hydrogène est oxygéné ; de telle sorte que dans aucune partie de l'espace, si petite qu'elle soit, il n'y a plus ni oxygène pur ni hydrogène pur. C'est là évidemment ce qu'entend Aristote ; et c'est aussi, croyons-nous, ce qu'admettent les savants qui veulent se rendre raison des faits attestés par l'expérience. Mais cette théorie suppose évidemment que les forces des corps simples n'ont pas cessé d'exister dans le composé ; car si elles avaient cessé d'exister, comment pourrait-on dire qu'elles agissent l'une sur l'autre de manière à produire une résultante ?

CHAPITRE HUITIÈME

La théorie chimique confirmée par saint Thomas.

Ce point est tout à fait capital, puisque si nous parvenons à l'établir solidement, nous avons écarté l'obstacle le plus sérieux à l'accord si désirable entre la philosophie scolastique et la science moderne. On nous permettra donc d'insister encore, et d'emprun-

ter à la doctrine d'Aristote et de saint Thomas de nouveaux
arguments, qui mettent absolument hors de conteste cette permanence réelle des forces élémentaires dans le composé.

.. Le premier argument nous est fourni par la belle théorie d'Aristote sur la composition du corps vivant. C'est saint Thomas lui-
même qui nous renvoie à cette théorie, dans la question LXXVI
de la première partie de sa *Somme théologique* (art. 4, ad 4) où
il se demande si, dans l'homme, il y a une autre forme substantielle que l'âme raisonnable. Le corps humain étant un composé à
la fois chimique et vivant, les éléments doivent y demeurer comme
ils demeurent dans tout composé. Mais comment y demeurent-ils?
— Saint Thomas répond, d'après Aristote, que « les éléments ne
demeurent pas dans le corps humain en acte mais en vertu ; car
les qualités propres des éléments demeurent, bien que tempérées
l'une par l'autre ; et dans ces qualités réside la vertu, l'énergie des
formes élémentaires : *Dicendum est, secundum Philosophum,
(de partibus animalium, lib. II a principio), quod formæ
elementorum manent in mixto non actu sed virtute; manent
enim qualitates propriæ elementorum licet remissæ, in quibus est virtus formarum elementarium.* » Saint Thomas résume
dans ce peu de mots, et par là même il s'approprie la théorie
développée par Aristote dans l'ouvrage qui vient d'être cité.
Le philosophe de Stagyre distingue, dans tout corps animal,
trois degrés de composition, et par conséquent trois ordres de
composants. Il y a les membres, comme la tête et les mains : ces
parties principales du corps, qui sont les dernières dans l'ordre
de la composition, sont nommées par Aristote parties dissimi-
laires (ανομοιομερῆ), parce qu'elles sont composées de parties
moindres, qui diffèrent les unes des autres par leur contexture,
comme sont les os, les nerfs, les fibres, la peau. Ces dernières,
qui sont les composants du second degré, Aristote les nomme
parties similaires (ομοιομερῆ) ; enfin, il y a les composants primitifs, qui sont les éléments, ou plutôt, dit Aristote, les forces de
ces éléments : « *Cum triplex sit compositio, prima statui potest
ea quæ ex primordiis conficitur, quæ nonnulli elementa appel-
lant... sed melius fortasse dici potest ex virtutibus confici elementorum.* » Qu'on veuille bien y prendre garde : Aristote ne
parle pas ici de ce qui précède la formation du composé, mais

du composé existant, vivant, ayant ses membres ; et de même que dans les membres il se trouve des os, de la chair, de la peau actuellement existantes, ainsi, pour expliquer l'existence et la différence de ces tissus, il affirme comme actuellement existantes les forces élémentaires. Il aime mieux affirmer l'existence des forces que celles des éléments eux-mêmes, parce que cette dernière offre des difficultés, et exigerait des explications dans lesquelles le Philosophe ne tient pas à s'engager présentement. Nous aurons nous-mêmes à résoudre cette seconde question ; mais celle que nous traitons en ce moment, la seule dans laquelle nous ayons proprement affaire avec la science, à savoir si les forces des corps simples restent dans le composé, Aristote, comme nous venons de le voir, la résout affirmativement sans l'ombre d'hésitation.

C'est qu'en effet l'hésitation n'est pas possible dans l'ordre des faits que nous venons de signaler. Si les forces des éléments dont le corps humain est composé avaient été détruites, s'il ne restait plus dans l'homme, avec l'âme raisonnable, que la matière première, sans qualité, sans force, sans détermination d'aucune sorte, il n'y aurait point de différence entre les parties du corps : les os, les fibres, les nerfs, tout cela serait une seule et même chose ; il n'y aurait plus, par conséquent, de différence entre les organes ; et il serait impossible d'assigner la raison pour laquelle le pied ne serait pas l'organe de la vision aussi bien que l'œil, et pourquoi nous n'entendrions point par l'estomac plutôt que par l'oreille. L'estomac, l'œil et le pied étant également et uniquement composés de matière première, prêteraient à l'âme un concours également docile pour les diverses opérations, qu'elle ferait, dans cette hypothèse, en vertu de ses seules forces. La conséquence est évidemment absurde, et absurde par conséquent est l'hypothèse d'où cette conséquence se déduit par un lien nécessaire.

Il est une autre théorie d'Aristote d'où cette même conclusion ressort avec une égale évidence. C'est la théorie à l'aide de laquelle le philosophe démontre l'aptitude du corps humain à servir d'organe au sens du toucher. Il remarque avec raison que ce dernier est en quelque sorte le sens général, dont tous les autres ne sont que des formes spéciales ; l'œil, en effet, ne perçoit la lumière et l'oreille le son, qu'autant que ces organes sont touchés, l'un par l'onde lumineuse, et l'autre par l'onde sonore. Cependant les qualités tactiles proprement dites : le chaud, le froid, la résistance, sont perçus par le toucher suivant une loi toute différente de celle qui régit la perception des sons et des couleurs. C'est parce que l'oreille ne possède par elle-même aucun son qu'elle peut les distinguer tous ; de même, l'œil est apte à percevoir les couleurs parce que lui-même est incolore. Le corps, au contraire, en tant qu'organe du toucher, possède toutes les qualités tactiles ; il a une certaine chaleur, une certaine résistance ; comment donc pourra-t-il servir à percevoir ces qualités dans les autres corps, et ne pas donner lieu à confondre celles des autres corps avec les qualités semblables qui lui sont propres ? Aristote examine ce problème dans le chapitre XI du second livre de *Anima*, et la solution qu'il donne est pleinement acceptée par saint Thomas (2ª 2æ q. 164, a. 1, ad 1). Le corps humain, dit-il, possède dans la surface charnue par laquelle nous touchons les corps étrangers, toutes les qualités dont ils sont doués ; mais ces qualités sont en lui à un degré moyen : ainsi, sa température est également éloignée d'une chaleur excessive et d'une absence complète de chaleur ; sa consistance a également un degré moyen de fermeté. Composé des quatre éléments (suivant l'opinion généralement adoptée jadis), le corps en rassemble dans un tempérament parfait les quatre qualités fondamentales, le chaud et le froid, le sec et l'humide. Et c'est par là qu'il est apte à saisir les qualités des autres corps, en tant qu'elles s'éloignent de la moyenne, dans un sens ou dans un autre. Car du moment que l'un de ces corps est plus chaud ou plus froid, plus mou ou plus dur que notre corps, il fera sortir ce dernier de son état actuel et produira par là même une sensation. Nous ne discutons pas en ce moment cette théorie ; ce que nous voulons constater, c'est qu'elle est toute fondée sur la permanence réelle des qualités élémentaires dans le corps humain : or, ces qualités ne sont autre chose que les forces : la chaleur est une force, la résistance également ; donc, si les qualités élémentaires demeurent dans le composé, comme Aristote et saint Thomas l'affirment, les forces demeurent également.

Enfin, voici une théorie qui paraît appartenir en propre à saint

Thomas, et qui achèvera de mettre dans toute son évidence la vérité que nous cherchons à démontrer : la théorie de la mort. C'est pour expliquer ce triste phénomène que le saint docteur nous a rappelé les enseignements d'Aristote sur la composition du corps humain. Saint Thomas, en effet, tire de cette composition la solution de la difficulté qu'oppose à l'explication de la mort de l'homme l'immortalité essentielle à son âme. D'un côté, il est certain que l'âme, forme du corps, lui donne non-seulement sa vie, mais encore son existence substantielle ; d'un autre côté, il est également certain qu'inaccessible aux atteintes de la mort, l'âme n'a rien en elle-même qui puisse l'empêcher de faire toujours vivre et exister avec elle cette matière qui lui est substantiellement unie. D'où peut donc venir la mort ?

De fait, répond saint Thomas, la mort vient du péché, puisque Dieu avait créé l'homme immortel. Mais comme cette immortalité était un don gratuit, le péché, en nous l'ôtant, n'a fait que nous remettre dans notre condition naturelle. La mort, en effet, nous est naturelle ; et comment ? Parce qu'elle résulte de la condition essentielle de notre corps. L'âme, il est vrai, est immortelle et incorruptible de sa nature ; et d'elle-même elle tendrait à rendre également incorruptible la matière à laquelle elle est unie ; mais celle-ci porte en elle-même un principe de corruption dont l'âme ne peut pas naturellement la délivrer. Quel est ce principe ? Si en dehors de l'âme, il n'y a dans l'homme que la matière première, celle-ci étant absolument indifférente à toute détermination, ne pourra évidemment opposer aucun obstacle à l'action vivifiante de l'âme. Si elle peut être vivifiée un jour, elle peut l'être toujours. La matière première du corps du vieillard n'a sous ce rapport rien de plus et rien de moins que celle du corps du jeune homme ; et par conséquent il n'y aura pas de raison pour qu'on meure de mort naturelle à cent ans plutôt qu'à vingt ans. Encore une fois, d'où peut venir la tendance naturelle du corps à la corruption ? Elle vient, répond saint Thomas, de ce que la matière, dans l'homme, n'est pas privée de toute détermination, de toute qualité et de toute force ; c'est un corps composé de qualités contraires ; et c'est cette contrariété qui produit nécessairement la corruptibilité. « *Forma hominis est anima rationalis quæ est de se immortalis; et ideo mors non est*

*naturalis homini ex parte suæ formæ. Materia autem homi-
nis est corpus tale quod est contrariis compositum, ad quod
sequitur ex necessitate corruptibilitas ; et quantum ad hoc
mors est homini naturalis.* » Ces qualités contraires que le corps
humain renferme en lui-même sont précisément les forces élémentaires dont Aristote vient de nous parler : « *Oportebat corpus
humanum esse organum tactus, et per consequens medium
inter tangibilia ; et hoc non poterat esse nisi esset ex contrariis compositum, ut patet per Philosophum, in 2 de Anima.* »
Mais quelqu'un se persuadera peut-être que, dans la pensée de
saint Thomas, les forces des éléments ne sont pas restées dans
le corps, en tant que le corps est matière ; qu'après la disparition des éléments eux-mêmes, ces forces n'existent plus que
dans l'âme, à peu près comme les forces végétatives et sensi-
tives. Pour repousser cette supposition, il suffirait d'en montrer
l'opposition avec le raisonnement du saint docteur. Si les forces
contraires, par lesquelles il explique la corruptibilité du corps,
résidaient dans l'âme, c'est donc de l'âme et non du corps lui-
même que naîtrait cette corruptibilité : le corps serait corruptible
parce que l'âme *l'informerait* de manière à le corrompre, en le
soumettant à des forces contraires ; et par conséquent la corruption naîtrait non de la matière elle-même, mais de la manière
dont cette matière serait unie à sa forme. Or la théorie entière
de saint Thomas proteste contre cette explication. Du reste, il
ne nous laisse pas la peine d'interpréter sa pensée : car, comme
s'il avait prévu qu'on pourrait donner ce sens à ses paroles, il le
repousse expressément : « Cette opposition des forces, dit-il, et
la corruption qui en résulte appartiennent à la nature du corps
humain en tant qu'il est matière, et nullement en tant que cette
matière est unie à la forme, car la forme étant incorruptible de
sa nature, tendrait plutôt à rendre la matière également incorruptible : *Hæc conditio in natura humani corporis est consequens ex necessitate materiæ, non autem est conditio secundum quam materia adaptetur formæ ; quia si esset possibile,
cum forma sit incorruptibilis, potius oporteret materiam
incorruptibilem esse.* » (2ª 2ᵐ, q 76. a. 1, ad 1.)

Arrêtons-nous ici un instant pour admirer la justesse et la
beauté de cette théorie. Si, aux notions anciennes sur les quatre

éléments et leurs qualités, nous substituons les notions plus précises de la science moderne sur les forces physiques, nous trouverons dans les paroles de saint Thomas, non-seulement l'explication de la mort, mais celle de la vie.

La vie nous apparaîtra telle qu'elle est en réalité, comme une lutte incessante entre les forces supérieures du principe vital et les forces inférieures de la matière. Ces dernières sont de deux genres : les forces mécaniques et les forces chimiques. Les unes et les autres sont en opposition avec les forces vitales. Tandis que la pesanteur attire vers la terre toutes les parties de notre corps et tous les liquides qui circulent dans ses vaisseaux, l'énergie vitale nous tient debout, et fait remonter notre sang des extrémités inférieures vers le cœur et du cœur vers la tête. Tandis que les agents extérieurs, la chaleur, l'électricité, etc., travaillent sans cesse à dissoudre les combinaisons chimiques qui forment les divers tissus de nos organes, le principe vital neutralise ces influences corruptrices, et seul il défend ce petit monde dont il est le roi, contre la coalition des forces auxquelles obéit l'univers matériel. Aussi longtemps que, dans cette lutte, le principe vital demeure le plus fort, la vie s'accroît ou du moins se maintient sur son terrain ; mais, comme tout ce qui est créé, l'énergie vitale a ses limites. Un moment vient où elle ne soutient plus que faiblement le combat ; les forces inférieures prennent peu à peu le dessus, le corps se penche vers la terre, la circulation des fluides se ralentit, les organes se matérialisent de plus en plus ; enfin, la vie est complétement vaincue, et les forces matérielles ne trouvant plus de résistance, n'ont qu'à s'exercer sur le cadavre, comme elles agissent sur tous les autres corps, pour le faire tomber en pourriture.

En ce point, comme en tout le reste, l'ordre physique et naturel est le symbole de l'ordre moral et surnaturel. Là encore la vie se montre à nous comme le résultat de la lutte entre les forces supérieures, qui nous portent vers Dieu, et les forces inférieures qui tendent à nous rabaisser vers la terre ; et nous voyons l'âme, tout immortelle qu'elle est par sa nature, subir la plus honteuse de toutes les morts, lorsqu'elle permet aux tendances qui la poussent vers la matière de prévaloir sur les instincts spirituels et divins.

Mais pour que la vie physique soit ainsi l'image fidèle de la vie morale, pour que la théorie de saint Thomas conserve sa vérité, et suffise à expliquer les faits, il faut nécessairement que les deux ordres de forces contraires subsistent dans l'être vivant. Supprimez les forces inférieures, ne laissez plus subsister qu'un seul principe actif, il n'y aurait plus de contrariété, et partant plus de lutte ; la mort sera impossible et la vie inexplicable ; par excès de respect pour saint Thomas, vous lui auriez enlevé une de ses plus belles théories.

Que si le lecteur désirait avoir une expression plus précise de la pensée de saint Thomas sur le point qui nous occupe, il la trouverait dans le passage suivant de l'opuscule *De Natura materiæ* (ch. VIII), cité par le P. Kleutgen : « Dans la production d'un composé (chimique), les corps simples ne sont nullement réduits à l'état de matière première ; sans cela les forces des corps simples ne demeureraient pas dans le composé, tandis qu'elles y demeurent. La génération du composé n'est donc pas précédée par une corruption proprement dite ; car les éléments ne sont pas entièrement corrompus, comme l'enseigne Aristote au livre Ier des *Météores*. La mixtion ne se fait qu'entre des choses qui peuvent se séparer, et qui, par conséquent, conservent ce qu'il faut pour être aptes à exister séparément. *In generatione mixti non fit spoliatio simplicium usque ad materiam primam ; aliter virtutes simplicium non remanerent in mixto : nunc autem manent. Unde non est corruptio simpliciter per quam fit generatio compositi, cum elementa non corrumpantur penitus, ut dicitur libro I Meteor. Quia eorum est mixtio quorum est separatio ; non enim miscentur, nisi quæ apta sunt per se existere.* »

On ne voit pas comment saint Thomas aurait pu exprimer plus clairement la doctrine qui est généralement considérée comme appartenant en propre à l'école chimique. Peut-être objectera-t-on d'autres passages où le saint docteur semble nier le fait qu'il vient de constater, et donner de ce fait l'explication que Suarez déclarait naguère inadmissible. Il dit, nous le savons, en plus d'un endroit, que la chaleur, la couleur, et les autres qualités du cadavre ne sont pas numériquement les mêmes que celles du corps vivant ; mais quelle raison donnet-il de cette assertion ? Celle-ci, que nous retrouvons également dans Aristote, à savoir que la substance à laquelle adhéraient ces accidents, ayant subi un changement essentiel, les accidents ne peuvent plus être absolument les mêmes. Naguère ils étaient les propriétés d'un corps vivant ; maintenant ils appartiennent à un cadavre. Dans ce sens, nous pouvons accorder, nous aussi, que des deux côtés il y a eu changement ; mais on imputerait gratuitement à saint Thomas une absurdité palpable si on lui faisait dire que la chaleur du corps vivant a été détruite, et qu'une chaleur nouvelle a été produite dans le cadavre. Si telle eût été la pensée du saint docteur, il n'aurait pas pu dire que les accidents restent après la décomposition ; pas plus qu'on ne peut dire qu'un homme reste dans une chambre s'il en sort pour être remplacé par un autre homme. Il serait également faux de dire que, dans la composition et la décomposition des subs-tances, les éléments ne sont pas réduits à la matière première. Si nous ne voulons pas mettre saint Thomas en contradiction avec lui-même, si nous ne voulons pas saper par la base plu-sieurs de ses plus belles théories, il faut admettre qu'il a reconnu la permanence des qualités et des forces dans les éléments ; et puisque c'est sur cette vérité qu'est fondé l'accord de la philo-sophie scolastique avec la science moderne, nous avons le droit de regarder cet accord comme conclu, non-seulement par l'autorité de la raison, mais encore par l'assentiment exprès des deux pères de la scolastique, Aristote et saint Thomas.

Ce n'est pas sans un sentiment de vive joie que nous procla-mons à ce sujet notre profonde conviction. Car, en vérité, c'était faire une situation intolérable aux disciples les plus consciencieux de saint Thomas, que de persister à mettre ses enseignements en opposition avec la doctrine soutenue par l'immense majorité des savants orthodoxes. Saint Thomas, pour son compte, n'eût jamais accepté cette situation ; car, loin de vouloir contredire en quoi que ce soit les conclusions de la science, le désir de rester tou-jours d'accord avec elle l'a porté à accepter quelquefois trop faci-lement telles de ses conclusions qui n'étaient pas suffisamment démontrées. N'imitons pas cette facilité trop grande ; soyons plus exigeants envers la science moderne que saint Thomas ne l'a été envers celle de son temps ; n'acceptons ses théories comme certaines que lorsqu'elle les aura prouvées ; mais évitons à tout prix ce qui pourrait l'amener à faire avec la philosophie catholique un divorce aussi contraire à la nature des choses qu'aux intérêts des deux parties.

CHAPITRE NEUVIÈME

La question des formes élémentaires.

Nous avons posé les bases de l'accord, réclamé par les vœux de tous et par la nature des choses, entre la doctrine scolastique et les sciences physiques ; mais pour achever d'écarter tout dissentiment, il nous reste encore une grave difficulté philosophique à résoudre. Il a été, ce nous semble, évidemment démontré qu'en admettant la permanence des forces propres aux corps simples, dans les composés, soit organiques, soit inorganiques, la chimie ne se met nullement en opposition avec les enseignements d'Aristote, de saint Thomas et des plus illustres docteurs de leur école. Mais il reste à expliquer comment cette théorie, incontestablement sanctionnée par le suffrage de ces grands maîtres, peut se concilier avec les principes de leur enseignement. Un grand nombre de thomistes déclarent cette conciliation impossible ; et c'est pour cela que, en dépit de l'autorité d'Aristote et de saint Thomas lui-même, ils nient que les forces élémentaires demeurent dans les composés. Voici comment ils raisonnent : la force étant une des déterminations principales de la substance, et constituant son activité, doit nécessairement appartenir, non à la matière qui est, dans toute substance, le principe indéterminé et passif, mais au principe déterminant et actif, qui est la forme. Si donc on admettait que les forces des éléments restent dans les composés, il faudrait admettre également la permanence des formes élémentaires ; et, par conséquent, il faudrait reconnaître que dans les composés il y a, au-dessous de la forme spécifique, d'autres formes subordonnées. Or, cette pluralité de formes dans une même substance est absolument contraire à l'enseignement de

saint Thomas ; donc, à moins de mettre le saint docteur en contradiction avec lui-même, il faut repousser comme contraire à
sa doctrine la permanence des forces.

Pour résoudre cette difficulté, et pour achever de nous rendre
compte de la doctrine d'Aristote et de saint Thomas relativement
à la composition des corps, nous devons nous demander ce que
les deux chefs de l'école péripatéticienne ont enseigné au sujet
des formes élémentaires.

La solution de ce second problème est indispensable à la complète réalisation de notre dessein et à la conclusion d'une paix
durable entre la philosophie et les sciences physiques. Car ce ne
sont pas seulement les forces des corps simples, mais ces corps
eux-mêmes que la chimie fait subsister dans les composés. Elle
affirme que l'oxygène et l'hydrogène continuent à exister après
s'être combinés ensemble pour former l'eau, bien que, dans ce
nouvel état, leurs forces modifiées par leur influence mutuelle
produisent des effets nouveaux. Mais d'après les thomistes, ce
point, qui est considéré en chimie comme une vérité, serait une
hérésie philosophique ; et celui qui le soutiendrait s'excommunie-
rait par là même de l'école de saint Thomas. Le désaccord subsistera donc tant que nous n'aurons pas écarté cette pierre
d'achoppement.

Il y a ici deux questions qu'il ne faut pas confondre et qu'il
importe d'examiner sans parti pris : la permanence des formes
élémentaires est-elle contraire à l'enseignement de saint Thomas ;
est-elle en opposition avec les faits attestés par l'expérience et
avec les conclusions légitimement déduites par la philosophie ?
La seconde de ces questions n'a évidemment pas de connexion
nécessaire avec la première. Le respect que nous professons
pour l'autorité de saint Thomas doit certainement nous faire
attacher le plus grand prix à son suffrage ; mais nous croirions
mal lui témoigner ce respect si nous soutenions sa doctrine dans
un point où il nous serait démontré qu'elle est contraire à la
vérité ; ou même si, pour le mettre d'accord avec ce qui nous
semble vrai, nous faisions violence à ses paroles, et nous le
contraignions à dire le contraire de ce qu'il aurait réellement dit.
Loin de nous la pensée de forcer quelques textes isolés et obscurs pour en tirer une doctrine opposée à celle que le docteur

angélique enseigne dans l'ensemble de ses œuvres. Rien ne nous paraît plus indigne d'un philosophe qu'un pareil procédé. Sûr de notre bonne foi, nous en appelons à celle de nos lecteurs ; et nous espérons fermement les amener à reconnaître que, dans cette seconde controverse comme dans la première, la doctrine la plus conforme aux faits est aussi la plus en rapport avec les vrais principes de l'école péripatéticienne.

CHAPITRE DIXIÈME

Doctrine d'Aristote et de saint Thomas sur la nature des éléments ou corps simples.

Avant d'écouter les enseignements des maîtres sur le rôle que jouent les formes élémentaires dans les composés, il faut leur demander ce qu'ils pensent au sujet de ces formes, en tant qu'elles sont dans les éléments eux-mêmes. La chimie, nous l'avons vu, ne veut admettre dans les corps simples aucune distinction réelle entre la forme et la matière. Si elle donne à ces corps le nom de simples, c'est que toutes les observations faites jusqu'à ce jour nous portent à les considérer comme indécomposables, et à voir par conséquent, dans l'activité qui les distingue les uns des autres une propriété essentielle et inséparable de la matière.

Quelle était à ce sujet l'opinion des anciens ? Admettaient-ils, oui ou non, la distinction réelle de la forme et de la matière dans les éléments ?

Nous répondons sans la moindre hésitation : oui, Aristote et saint Thomas ont admis cette distinction. Mais nous ajoutons avec la même assurance, qu'en la déduisant légitimement des faits qui leur étaient révélés par une observation incomplète, ils nous ont imposé l'obligation de la rejeter, du moment que ces faits ont été démentis par une observation plus exacte.

En cette matière, les nouveaux thomistes nous paraissent se méprendre complètement sur la manière de philosopher d'Aristote et de saint Thomas. Ils se récrient très-fort lorsque nous affir-

mons que ces grands maîtres auraient modifié leurs théories sur
la composition des corps, s'ils eussent été éclairés comme
nous le sommes sur la fausseté des faits qui servaient de base
à ces théories.

L'un des principaux rédacteurs de la *Scienza italiana*. (anno
2, fasc. 2), publiait récemment un article exprès pour démontrer
que la doctrine thomiste de la matière et de la forme étant
fondée sur des principes absolus, demeure inébranlable quels que
soient les faits révélés par l'observation. Pour renverser cette
assertion, il suffirait de rappeler la théorie des corps célestes
clairement enseignée par saint Thomas, soit dans la Somme
théologique (1), soit en plusieurs autres endroits de ses ouvrages.

D'après cette théorie, les corps célestes sont incorruptibles
parce qu'ils ne sont pas composés, comme les corps sublunaires,
d'une matière séparable de leur forme. On peut voir, à la fin de
la philosophie du P. Palmieri, une dissertation du P. Tedeschini
qui démontre que tel a été, à toutes les époques, l'enseignement
le plus répandu dans les écoles catholiques. Ce n'est donc pas
sur des principes *a priori* que les scolastiques établissaient leur
théorie de la composition des corps : car de pareils principes
étant nécessairement universels, les théories qui en découlent
doivent s'appliquer à tous les corps sans exception. C'est uniquement sur la supposition de la transmutation des éléments
terrestres qu'était fondée l'hypothèse de la matière première
commune à ces éléments et indifférente à toutes les formes. Aux
yeux des anciens, l'air, le feu, la terre et l'eau étaient les principes constitutifs de tous les corps sublunaires, et le dernier résidu tangible auquel aboutissait la décomposition de ces corps.

---

(1) « Materia corporis cœlestis secundum se considerata non est in
potentia nisi ad formam quam habet; unde illa forma sic perficit materiam quod nullo modo in eo remaneat potentia ad esse, sed ad ubi
tantum, ut Aristoteles dicit. (I. q. 66. a. 2.)» Saint Thomas dit ici des
corps célestes précisément ce que nous disons des corps simples. Il
est donc évident que le dissentiment ne porte pas sur une question de
principe, mais sur une question de fait, qui doit être résolue par l'expérience. Or, nous avons des preuves d'expérience incomparablement
plus décisives pour admettre l'incorruptibilité des corps simples que les
anciens n'en avaient pour admettre l'incorruptibilité des corps célestes.

Mais ils voyaient ou ils croyaient voir ces éléments eux-mêmes se décomposer et se changer les uns dans les autres ; de là ils concluaient qu'il y a dans les corps un principe plus primitif encore que l'élément, le *substratum* commun de toutes les propriétés par lesquels les corps sont distingués les uns des autres ; un principe par conséquent purement passif, capable de recevoir toutes les déterminations, mais n'en ayant aucune par lui-même : c'est ce qu'ils nommaient la matière première. La possibilité de la séparation étant le signe le plus certain de la distinction, les anciens raisonnaient très-juste en distinguant cette matière des formes élémentaires ; et si leurs observations étaient insuffisantes, leurs inductions étaient parfaitement légitimes.

Aujourd'hui, le scalpel de la science pénétrant bien plus avant dans les entrailles de la nature a mis à nu des faits entièrement cachés à la sagace observation des anciens. Il a été reconnu que les corps considérés jadis comme élémentaires, sont des composés. Les éléments dont l'observation nous a révélé l'existence sont en nombre plus considérable ; et toutes les expériences nous portent à croire que ces éléments ne peuvent être décomposés : c'est pour cela qu'on leur donne le nom de corps simples. Voilà ce qu'il est aujourd'hui impossible de contester. Il n'en faudrait pas davantage pour nous donner le droit d'affirmer que si Aristote et saint Thomas vivaient de nos jours, ils modifieraient leur théorie de la matière première, et reconnaîtraient avec les physiciens modernes que la véritable matière première sont les corps simples. Ils se convaincraient que ces corps réalisent parfaitement et réalisent seuls la définition de la matière première donnée par Aristote et admise par toute son école. « J'appelle matière le premier sujet de toutes les transformations, ce qu'il y a de premier dans la production des substances, qui demeure dans les substances produites et est le terme dernier de leur destruction (1). » Cette définition, presque identique à celle de

(1) « Dico enim materiam (ὕλην) primum subjectum singulis, ex quo inexistente fit aliquid, non per accidens, et si quid corrumpitur in hoc ultimum desinit (I Phys. c. 9). » — L'autre définition de la matière première, donnée par Aristote au chapitre III du VII° livre de la métaphysique, est purement négative : « Materia non est quid, nec quantum,

l'élément rapportée plus haut, prouve évidemment que, dans la pensée d'Aristote et de ses vrais disciples, la matière première ne peut être distinguée des éléments qu'autant que ceux-ci ne sont point le dernier terme de la décomposition des substances. Du moment que cette hypothèse est démentie par l'expérience, les principes d'Aristote et de saint Thomas nous autorisent à identifier les éléments avec la matière première.

Mais, pour établir cette conclusion, nous n'avons pas seulement des inductions évidentes, nous possédons encore des témoignages exprès. Déjà Aristote avait dit, en parlant des éléments ou corps simples : « *Quare et tot materias esse necesse est quot hæc sunt (elementa), quatuor inquam; adeo vero quatuor ut una sit omnium communis (materia),* PRÆSERTIM SI EX SESE MUTUO FIANT (1). » Par ces paroles le philosophe donne clairement à entendre que le motif déterminant pour admettre une matière première commune à tous les corps est la transmutation mutuelle des éléments. Mais saint Thomas s'exprime avec plus de clarté encore dans son commentaire sur le premier livre *De Generatione (lect. 9, in fine),* où il examine cette même question, à savoir si la matière est commune à tous les éléments ou si chacun d'eux a sa matière particulière. Voici ses paroles : « Aristote dit que la matière des différents éléments, par exemple du feu et de la terre serait différente si ces éléments ne s'engendraient pas l'un l'autre, comme l'ont pensé ceux qui ont fait du feu et de la terre la matière première : *et dicit (Philosophus) quod alia esset utriusque materia, scilicet ignis et terræ si non generantur ad invicem, sicut accidit his qui posuerunt et ignem et terram primas materias.* » De ces textes nous pouvons tirer l'argument suivant : D'après Aristote et saint Thomas, on ne doit reconnaître une matière première commune aux divers corps simples, qu'autant qu'on admet la transmutation mutuelle

---

nec aliquid eorum per quæ ens determinatur. » Cette définition est parfaitement exacte en tant qu'elle s'applique au concept abstrait de la matière ; mais, de l'aveu même des thomistes, elle ne se vérifie dans aucune réalité actuelle, puisque la matière première actuellement existante est au moins le sujet de la quantité ou étendue.

(1) *De Cœlo IV, 5,* tom. II, ed. Didot, p. 430, l. 14.

4

de ces corps ; or, les thomistes eux-mêmes sont obligés de reconnaître que les éléments ou corps simples ne se changent pas l'un dans l'autre. Donc, à moins de renier l'autorité des deux chefs de leur école, ils doivent renoncer à leur théorie. Tant qu'on n'aura pas répondu à cet argument, nous aurons le droit de soutenir qu'on est plus fidèle à saint Thomas en rejetant la matière première des thomistes qu'en s'y attachant, au mépris de l'évidence des faits et de l'autorité de saint Thomas.

Quelle a été, au sujet de ce principe premier de tous les corps, la pensée de saint Augustin ? Il est difficile de le savoir au juste, puisque la crainte de ne pas être compris a empêché le saint Docteur de nous dire ce que lui avait révélé la divine lumière. (Confessions, l. XII. c. 6.) Tout ce qu'il nous en découvre, soit dans cet endroit, soit dans les autres ouvrages où il touche cette question, peut s'appliquer également à la matière première des thomistes et aux corps simples de la chimie. Ceux-ci en effet, aussi bien que celle-là, n'ont ni forme sensible, ni couleur ; ils ne sont pas des esprits, et ils ne sont pas non plus proprement des corps, puisqu'ils sont simples, tandis que le mot de corps implique l'étendue ; ils n'appartiennent actuellement à aucune des espèces qui constituent les trois règnes de la nature, mais ils sont en puissance à l'égard de toutes les propriétés qui distinguent ces espèces ; ils ne sont pas le néant, mais ils s'en approchent autant que possible : *non erat aliquid ; non color, non figura, non corpus, non spiritûs ; non tamen omnino nihil ; erat quædam informitas sine ulla specie.*

Passons maintenant à la permanence des formes élémentaires dans les composés.

CHAPITRE ONZIÈME

La permanence des formes élémentaires d'après Aristote et saint Thomas.

Dans la discussion qui va suivre nous supposons comme certain ce que, de fait, les thomistes accordent volontiers : à savoir que, toute substance recevant de la forme son existence spécifique, les éléments ne peuvent demeurer dans les composés qu'autant que leurs formes y demeurent. Nous aurons donc établi que la permanence des formes élémentaires est conforme à la doctrine péripatéticienne, si nous prouvons qu'Aristote et saint Thomas ont affirmé avec toute la clarté possible la permanence des éléments.

Or, rien n'est plus facile que de démontrer ce point, non par quelques textes isolés mais par tout un ensemble de témoignages parfaitement corcordants.

Il n'est guère de théorie sur laquelle Aristote revienne plus souvent, dans ses livres de physique et dans sa métaphysique elle-même, que la théorie des éléments. Or, partout, oui partout, même dans le seul endroit que les thomistes citent en faveur de leur opinion, il s'attache à prouver ce que nient les thomistes, à savoir que les éléments demeurent dans le composé, et qu'ils y exercent une action très-sensible. Saint Thomas, dans le commentaire de ces textes, ne songe en aucune manière à en atténuer la force ; au contraire, en bien des endroits il leur donne encore plus de clarté et d'énergie.

Nous emprunterons notre première preuve à la définition même de l'élément. Aristote la reproduit avec quelques modifications dans plusieurs endroits de ses œuvres ; mais il est un caractère qu'il ne manque jamais de faire ressortir, c'est que l'élément demeure dans le composé, qu'il lui est intrinsèque, et constitue sa nature intime. Ainsi, au chapitre troisième du quatrième livre de la métaphysique, il s'exprime ainsi : « On appelle élément ce qu'il y a de premier dans la composition des corps, qui existe dans le composé, qui est indivisible en parties d'espèces différentes, et à quoi aboutit en dernier lieu la décomposition : « *Elementum dicitur ex quo (res) componitur primo, inexistente, indivisibili specie in aliam speciem, et in quæ ultimo dividitur.* » Cette définition nous fait comprendre, dit saint Thomas dans son commentaire, que la nature de l'élément implique quatre choses : d'abord l'élément est la cause de laquelle *(ex qua)* les choses sont faites ; il appartient donc au genre des causes matérielles. Secondement, c'est, dans cet ordre de causes, un principe premier..... Troisièmement, c'est un principe qui entre dans la réalité même du composé ; *quod sit*

inexistens sive intrinsecum ; et c'est par là que l'élément diffère
des substances qui servent à la formation du composé, mais qui
disparaissent lorsque la combinaison est accomplie : *Per quod
differt elementum ab omni ex quo fit aliquid sicut ex tran-
seunte ;* c'est en effet le propre des éléments de demeurer dans
les corps dont ils sont les éléments : *Elementa enim oportet
manere in his quorum sunt elementa* (1). » Il est impossible,
on le voit, de réfuter plus clairement l'opinion qui fait de l'élément un *prærequisitum* nécessaire de la composition, mais
qui lui refuse toute existence dans le composé lui-même.

C'est là du reste, aux yeux d'Aristote, une chose tellement
évidente qu'elle ne supporte pas la discussion. On peut, d'après
lui, ne pas s'accorder sur le nom de ces premiers principes des
corps, que quelques-uns nomment éléments ; mais qu'ils existent réellement dans tous les composés, c'est ce que tout le
monde reconnaît : « *Principia quæ a quibusdam elementa vo-
cantur, omnes inesse compositis ponunt* (2). » Aussi, est-ce
par l'étude des éléments dont chaque corps est formé que nous
devons arriver à la connaissance du corps lui-même. « Connaî-
tre, en effet, c'est remonter aux principes ; *puis donc que les
principes intrinsèques de chaque corps sont ses éléments*, il
faut, pour se rendre raison de la nature de chaque corps, examiner d'abord quels sont ses éléments, puis quelle est leur
destination, leur nombre, leurs qualités (3). » Que les thomis-

---

(1) Tome II de l'édit. de Didot, p. 516, l. 30. On remarquera que
dans les nouvelles éditions d'Aristote la métaphysique est divisée en
douze livres seulement, tandis que dans les anciennes éditions elle en
avait treize : le second et le troisième livre de ces dernières forment
le second livre des éditions plus récentes. On trouvera le passage que
nous venons de citer dans les commentaires de saint Thomas sur la
métaphysique d'Aristote, au Ve livre, leçon 4me.

(2) Métaph., t. X, c. I (p. 585 ; l. 35).

(3) *Cum in omnibus cognitio sit per prima, prima vero eorum que
insunt sint elementa, prius quænam et cur sint talium corporum elementa, deinde quot et qualia sint considerandum esse videtur. De Cælo
lib. III, cap. 3* (l. II, p. 415, l. 32).

tes veuillent bien nous dire comment on pourrait procéder de
la sorte dans l'étude des corps si leurs éléments avaient cessé
d'exister.

Du reste, ce n'est pas en passant seulement et comme une
vérité admise de tous qu'Aristote affirme la permanence des
éléments dans les composés. Il en fait l'objet d'une thèse spé-
ciale, qu'il pose avec toute la netteté possible, et qu'il s'efforce
ensuite de démontrer dans le second livre *De Generatione*
(ch. 8). Sa thèse est que « tous les corps composés, qui ont leur
place au milieu de l'univers (c'est-à-dire sur la terre), renferment les quatre éléments : « *Omnia mixta corpora quæ circa lo-
cum medium sunt collocata ex simplicibus constant omnibus.* »
Pour démontrer cette thèse, Aristote apporte quelques arguments
plus ingénieux peut-être que solides ; mais peu nous importe :
ce qui est parfaitement évident, c'est sa pensée par rapport à la
question que nous traitons en ce moment ; et cette pensée est
énergiquement affirmée à trois reprises dans ce seul chapitre.
Les expressions sont tellement claires que le P. Maurus n'es-
saie même pas de leur prêter un autre sens, bien qu'il attribue
du reste, à Aristote, l'opinion des thomistes. Écoutons-le : « Il
faut dire que tous les composés parfaits, dont la place naturelle
est le milieu du monde, c'est-à-dire le globe terrestre, sont composés des quatre éléments... Cette conclusion est confirmée par
l'expérience : car tous les corps se nourrissent des mêmes choses dont ils sont composés, mais les corps qui prennent de la
nourriture, à savoir les animaux et les plantes se nourrissent
des quatre éléments ; donc ils sont composés des quatre éléments. » C'est ce que Maurus répète encore avec Aristote à la
fin de ce chapitre.

Après avoir ainsi établi la thèse générale, Aristote l'applique
aux différentes espèces de substances ; et, fidèle à son principe,
c'est toujours aux éléments qui prédominent dans chaque espèce
qu'il demande l'explication de ses propriétés. Il se trompe sans
doute plus d'une fois ; mais les erreurs, même dans lesquelles
l'entraîne la fausse application du principe, nous prouve combien
à ses yeux le principe est incontestable. Quand il cherche la
raison pour laquelle le bois surnage dans l'eau, tandis qu'un
morceau de plomb d'un poids moindre s'y enfonce, voici l'ex-

plication qu'il donne de ce fait : c'est que l'air entre pour une plus grande proportion dans la composition du bois : l'air étant plus léger que l'eau, il fait surnager dans l'eau le bois, qui dans l'air lui-même est entraîné en bas par le mélange de quelques parties de terre (1). Pourquoi certains animaux brillent-ils dans les ténèbres ? Parce que la clarté du feu, qui entre dans la composition de leur corps, est trop vive pour être étouffée par l'opacité de la terre, tandis qu'elle est secondée par la transparence de l'air et de l'eau (2). Pourquoi certains corps sont-ils plus sonores que d'autres ? Parce que l'air qui est le conducteur du son se trouve, dans les corps, mieux disposé pour en opérer la transmission (3). Aux yeux d'Aristote et de saint Thomas, son commentateur fidèle, la présence des éléments dans le corps humain est la condition indispensable de la sensibilité. Nous avons déjà indiqué, à propos de la permanence des forces élémentaires, l'argument sur lequel s'appuie cette opinion : le premier de tous les sens, le sens fondamental en quelque sorte, est le toucher ; or, l'organe du toucher ne peut saisir les qualités tactiles qu'autant qu'il est lui-même composé des éléments auxquels appartiennent ces qualités. Parce qu'il les possède toutes dans un certain tempérament, il est en état d'en apprécier l'excès et le défaut dans les autres corps ; ce qui serait impossible si, avec les éléments, les qualités premières avaient cessé d'exister. Ainsi s'explique la corrélation qui existe, selon nos docteurs, entre la perspicacité de l'intelligence et la délicatesse du toucher. Celle-ci, en effet, ne peut être que l'effet de la bonne complexion du corps ; et comme la perfection de la forme est d'ordinaire proportionnée à celle de la matière, un heureux

(1) *De Cœlo, lib. IV, cap. 4* (édit. Didot, t. II, p. 428 ; 1. 47).

(2) In quantum lucidum ignis et diaphanum aeris et aquæ non est totaliter in eis comprehensum per opacum terræ. — Comment. de saint Thomas sur le IIᵉ livre *De Anima, lec. 15ᵉ* (édit. de Parme, p. 75, 2).

(3) Quæ in sua compositione habent aerem bene dispositum sunt bene sonora, sicut œs et argentum. — S. Thom., ibid., lect. 16, p. 78, 2.

tempérament, dont la délicatesse du toucher est l'indice, est lui-même le signe naturel des bonnes dispositions de l'âme (1).

Quand, dans le traité *de sensu et sensato*, Aristote et saint Thomas passent en revue les différents organes de la sensibilité, ils signalent dans chacun d'entre eux la prédominance de l'un des éléments : dans les organes de la vue et de l'odorat, c'est l'eau qui joue le premier rôle ; dans ceux du goût et du toucher, c'est la terre. En effet, bien que toutes les parties du corps soient composées des quatre éléments, ils ne se trouvent pas partout dans la même proportion ; et c'est de cette diversité, inexplicable dans le système thomiste, qu'Aristote, dans le premier livre *De Anima*, et saint Thomas dans son commentaire (lect. 9), tirent un argument pour prouver que l'âme n'est pas le simple résultat du mélange des divers éléments. « Car ce mélange se fait selon des proportions différentes dans les différentes parties ; il est autre dans la chair que dans les os ; il faudrait donc qu'il y eut dans l'homme autant d'âmes que le corps a de parties. » Quant à la proportion des éléments dans le corps tout entier, saint Thomas l'expose dans un remarquable passage de la somme théologique (I. q. 91. a. 1) qui est également concluant contre l'opinion de ses modernes disciples. Il cherche à expliquer la raison pour laquelle l'homme a été formé du limon de la terre. « L'homme, dit-il, est en quelque sorte un composé de tous les êtres de la création. Il tient des substances spirituelles l'âme raisonnable ; il possède la ressemblance des corps célestes, par la perfection de son tempérament corporel, également éloigné des extrêmes. Quant aux éléments, il les possède en substance *(elementa vero habet secundum substantiam)* ; mais de telle manière que les éléments supérieurs, le feu et l'air, prédominent en lui par leur vertu : la vie, en effet, dépend surtout de la

---

(1) Bonitas tactus consequitur bonitatem complexionis seu temperantiæ : cum enim organum tactus non possit esse denudatum a genere tangibilium, eo *quod est ex elementis compositum*, oportet quod sit in potentia ad extrema, saltem per hoc quod est medium inter ea. Ad bonam autem complexionem corporis sequitur nobilitas animæ : quia omnis forma est proportionata materiæ. — *De Anima, lib. II, lect. 19*, S. Thom., édit. parm., t. XX, p. 85. 1.

chaleur, qui appartient au feu, et de l'humidité, qui est la propriété de l'air. Quant aux éléments inférieurs (l'eau et la terre), c'est par leur masse plus grande qu'ils l'emportent dans le corps humain, et qu'ils y maintiennent l'équilibre que la vertu supérieure des autres éléments tendrait à rompre. Voilà pourquoi il est dit que le corps de l'homme a été formé du limon de la terre : car le limon n'est autre chose que la terre mêlée d'eau. »

Mais cette proportion des quatre éléments dont le corps humain est composé ne peut être si parfaite qu'elle supprime entièrement la lutte que se livrent nécessairement leurs qualités contraires. C'est de cette lutte que résulte, selon Aristote et saint Thomas, la corruptibité du corps (1). Cette opposition serait d'autant plus irrémédiable, dans la pensée des anciens, que les éléments réunis dans notre corps tendraient par nature à occuper dans l'espace des lieux différents : la terre et l'eau en bas, l'air et le feu en haut. « Le corps de l'animal, dit saint Thomas d'après Aristote, est composé des quatre éléments, dont aucun n'occupe le lieu qui lui est propre. Et comme ce qui est contraire à la nature ne peut durer toujours, il est impossible que les animaux ne finissent pas par éprouver la corruption et la défaillance (2). »

On le voit : c'est toujours par la permanence des éléments et par leur action persistante que les deux maîtres de l'école péripatéticienne s'attachent à expliquer la manière d'être et d'agir des composés.

Ce qu'ils ont déduit avec assurance d'observations incomplètes et en partie inexactes, combien ils l'eussent plus énergiquement affirmé s'ils eussent connu les faits que nous ont révélés depuis

(1) Ignis et aqua et aer et terra, cum non habeant eamdem virtutem, quia ignis contrariatur aquæ per utramque qualitatem (scil. per caliditatem et siccitatem contrariatur frigiditati et humiditati aquæ) et aqua terræ; iterum, quia materiam habent, ipsa sunt causa corruptionis in aliis; propterea rationale est ut illa quæ componuntur ex istis sint corruptibilia. *De longit. vitæ. Lect. I*, p. 129. 2. c.

(2) *De cœlo, lib. II, lect. 9* (t. XIX, p. 99. 1).

trois siècles et que nous révèlent encore chaque jour les instruments plus perfectionnés dont nous disposons : s'ils eussent
vu, après la dissolution d'un composé, les éléments dont i' 'vait
été originairement formé se retrouver dans leur même nature,
leur même poids, leurs mêmes proportions ; dans la combinaison
même, ces éléments conserver leur même poids absolu et donner au
composé un poids spécifique toujours égal à la moyenne de leurs
poids spécifiques respectifs ; la chaleur spécifique des corps simples, leur puissance de réfraction, leurs propriétés magnétiques
subsistant également dans la combinaison ! Voilà que, dans ces
dernières années, le prisme, en décomposant d'une manière différente la lumière produite par la combustion des différents corps
simples, nous a fourni un nouveau moyen pour constater la
présence ou l'absence de chacun d'entre eux. C'est ce qu'on
nomme l'analyse spectrale. Or, il se trouve qu'en soumettant
à cette épreuve les substances composées, la présence des corps
simples s'est manifestée par des signes certains, bien qu'avec les
modifications qui devraient résulter nécessairement de la combinaison de ces corps.

Ces faits et bien d'autres que nous nous abstenons d'énumérer
nous fournissent des indices tout autrement certains que ceux
d'où Aristote et après lui saint Thomas avaient cru pouvoir
conclure la permanence des éléments. Nous pouvons donc nous
croire autorisés, par leur enseignement et par leur exemple, à
adhérer plus fermement encore qu'ils ne l'ont fait à cette
conclusion.

CHAPITRE DOUZIÈME

Conciliation de la permanence des formes élémen-
taires avec l'ensemble de la doctrine d'Aristote
et de saint Thomas.

Les textes si nombreux et si clairs que nous venons de rapporter auront sans doute étonné plus d'un lecteur. Ils se deman-
deront comment il peut se faire qu'on ait attribué aux deux

Pères de la philosophie scolastique une doctrine contraire à celle qu'ils ont si expressément et si constamment professée. Ce qu'ils ont affirmé dans les passages indiqués ne l'ont-ils pas contredit ailleurs? Les thomistes n'ont-ils pas des textes encore plus clairs à opposer aux textes que nous venons de mettre sous les yeux de nos lecteurs?

Quant à Aristote, ils n'ont, de leur propre aveu, qu'un seul texte : celui que nous avons examiné précédemment, au point de vue de la conservation, dans les composés, des forces élémentaires. C'est-là seulement, d'après le P. Maurus, que le Philosophe nous dit sa propre pensée, tandis que partout ailleurs il raisonne d'après l'opinion des autres. Nous laissons au lecteur le soin de juger jusqu'à quel point cette allégation est probable *a priori* et flatteuse pour Aristote. Pour en toucher au doigt la fausseté, il suffit de soumettre à un nouvel examen, au point de vue de la question qui nous occupe en ce moment, le passage auquel on nous renvoie : C'est le chapitre X⁰ du premier livre *De Generatione* où le philosophe traite de la combinaison chimique nommée par lui *mixtion*. Qu'enseigne-t-il dans ce chapitre? Qu'il y a deux sortes de mixtions : l'une imparfaite, dans laquelle les éléments sont simplement rapprochés les uns des autres, sans exercer l'un sur l'autre aucune action : c'est ce que la chimie moderne nomme proprement *mélange*. Certains philosophes ne voulaient pas admettre entre les éléments d'autre union que celle-là. Aristote les combat énergiquement. « Il n'y a pas là, dit-il, de vraie mixtion, puisque les deux ingrédients gardent sans altération leur propre nature (1); » ils sont simplement juxtaposés. Mais, d'un autre côté, la mixtion diffère également de la transmutation substantielle, dans laquelle une substance perd sa forme et cesse d'être, pour faire place à une substance nouvelle ; « car si l'un des éléments a été corrompu (par la destruction de sa forme substantielle), il n'y a plus mix-

---

(1) Fieri non potest ut quid alterum alteri misceatur sicut quidam aiunt : etenim cum ea que mixta sunt adhuc sint, nec alterationem subierint, non magis nunc quam prius esse mista, sed similiter se habere dicunt. *De Gener., l. I. cap. X* (tom. II. p. 151. 1. 30).

tion des deux composants, mais destruction de l'un et conservation de l'autre, tandis que la mixtion suppose que les deux choses mêlées subsistent ensemble. Il n'y aura pas mixtion non plus, si, après l'union, les deux éléments entre lesquels elle s'est opérée ont été corrompus : car on ne peut dire mêlées les choses qui ont cessé d'être (1). » Comment Aristote va-t-il résoudre ce problème ? Comment les éléments peuvent-ils former une nouvelle substance sans perdre leur existence substantielle ? Quel milieu trouver entre le simple mélange, qui laisse subsister les *formes* des composants dans l'actualité de leur être, et la génération qui détruit ces formes pour les remplacer par une forme nouvelle ? Y a-t-il pour ces composants un état mitoyen entre exister et ne pas exister ? — Oui, Aristote trouve un milieu entre ce qu'il nomme l'existence actuelle des éléments et leur existence virtuelle. Dans le simple mélange, les composants ont, d'après lui, leur existence actuelle ; dans la combinaison, ils n'ont plus qu'une existence virtuelle. Mais qu'entend-il par là ? Nous l'avons déjà expliqué ailleurs, lorsque nous avons démontré par ce passage d'Aristote la conservation des forces élémentaires dans le composé. Pour mieux saisir la pensée du Philosophe relativement aux formes des éléments, il faut savoir que, d'après lui, la forme, qui est l'élément actif et déterminant du corps, est d'autant plus active qu'elle est plus parfaite. Au contraire, plus les formes décroissent en perfection, plus elles se rapprochent de la matière, plus elles ont de potentialité mêlée à leur actualité. Ainsi, d'après lui, entre les éléments, la terre est beaucoup plus rapprochée que le feu de la matière. Mais en général les formes élémentaires, étant les plus imparfaites entre toutes les formes substantielles, renferment toutes une part plus ou moins grande de passivité. C'est par là que les éléments se

---

(1) Porro si alterum sit corruptum, non esse mista (patet) sed alterum esse, alterum non esse ; mistionem autem eorum (est) quæ similiter (simul) sese habent. Eodem autem modo, etiam si posteaquam in unum ambo venerint, utrumque eorum quæ miscentur corruptum sit : non enim ea esse mista quæ omnino in ratione rerum non sunt. *Ibid.*

mêlent l'un à l'autre. Ce qu'il y a d'actif dans l'un s'unit à ce qu'il y a de passif dans l'autre ; et alors on peut supposer deux cas : ou bien l'activité de l'un des éléments sera assez puissante pour dominer complétement la qualité passive de l'autre, et cette qualité étant détruite, l'élément lui-même cessera d'être, et se transformera en celui qui l'a vaincu ; il y aura alors mutation substantielle et vraie génération ; ou bien la supériorité de la qualité active ne suffira pas pour détruire la qualité contraire ; et alors ces deux qualités s'altèreront mutuellement ; les deux éléments ne seront pas détruits, et pourtant ils ne seront plus les mêmes ; chacun des deux étant *actué* par l'autre cessera d'exister uniquement par sa propre actualité ; mais toute sa vertu, et partant toute sa réalité subsistera (1). La mixtion diffère donc tout à la fois et du simple mélange qui laisse subsister tels quels les éléments, et de la transmutation substantielle (génération) qui

(1) Nous trouvons, chez le P. Maurus, un résumé parfaitement conforme au nôtre, de la doctrine d'Aristote, relativement à l'action que les éléments exercent les uns sur les autres, soit dans leur transmutation substantielle, soit dans la mixtion : « Ex tradita igitur doctrina sic breviter explicatur quo pacto elementa generentur ex se mutuo et quo pacto mixta generentur ex elementis. Ex dictis supra, elementa, quia sunt contrariis qualitatibus prædita, mutuo agunt et patiuntur ; ideoque elementum actu calidum est potentia frigidum, cum possit frigéfieri ; elementum actu frigidum est potentia calidum, cum possit calefieri. Vel ergo unum elementum omnino vincit alterum vel non : Si omnino vincit. elementum quod superatur transmutatur in elementum quod vincit, et hoc pacto fit mutua transmutatio elementorum. Si vero nullum elementum omnino vincit, sed quodlibet partim vincit, partim vincitur, tunc se mutuo refrangunt secundum primas qualitates, et reducunt ad aliquod temperamentum ; et ita transmutantur in mistum medium. » Le mot *transmutantur*, dans cette dernière ligne, va au-delà de la pensée d'Aristote, qui ne se sert de cette expression que lorsqu'il parle du passage d'un élément dans l'autre, le premier cessant d'exister pour faire place au second. Quand, au contraire, il parle de la combinaison de deux éléments, il dit simplement que des deux il se fait une résultante moyenne : *erit medium*, ou *ad medium veniunt*. *Sylvestri Mauri in lib. II de Gener., cap. 8, text. 7 et 8.* (Edit. rom. 1668, tom. III, p. 514.)

les détruit. La mixtion ou combinaison, c'est l'union des éléments altérés par l'action réciproque de leurs forces (1).

Il nous est impossible de comprendre comment de cette explication on a pu conclure, que, dans la pensée d'Aristote, les éléments cessent d'exister dans le composé ; et comment on a pu confondre cette existence virtuelle qu'il leur attribue avec l'existence purement potentielle, qui n'est autre chose en réalité que la non existence. Si les éléments n'ont plus d'existence réelle dans le composé, ils ont donc été détruits, ou comme parlaient les anciens, ils ont été corrompus. Or, nous venons d'entendre Aristote nier qu'il en soit ainsi. Il repousse avec une égale énergie et l'opinion d'Empédocle qui n'admet dans les éléments combinés aucun changement substantiel, et l'opinion contraire, suivant laquelle ce changement irait jusqu'à la destruction de la substance. Donc, en lui attribuant cette seconde opinion, les thomistes font à ses paroles une violence manifeste. Qu'on relise toute cette lumineuse exposition, on n'y trouvera pas un seul mot, d'où l'on ait le droit de conclure qu'Aristote attribue aux corps mixtes une forme nouvelle remplaçant les formes des composants ; cette hypothèse est au contraire repoussée par

_____

(1) « Quum eorum que sunt, alia actu sint, alia potentia : quæ mista sunt esse quodammodo et non esse contingit, cum actu quidem aliud factum sit ex ipsis, virtute vero utrumque sit quod erat ante mixtionem, *et minime interierit.* Et sic solvitur dubium prius propositum. Evidens est enim ea quæ mixta fuerunt et separatim extitisse antequam unirentur, et posse denuo separatim existere. Neque igitur actu existere pergunt, ut corpus et albedo (quorum conjunctio corporis naturam minime immutat) *neque corrumpuntur,* sive utrumque sive alterum ; servatur enim virtus eorum. » *De Generat.,* l. I, cap. X, p. 452. 1. 9. Nous avons corrigé, d'après le grec, la traduction vulgaire qui n'est même pas correcte grammaticalement. Les mots que nous avons mis entre parenthèses sont de nous. Ce chapitre se termine par les paroles suivantes déjà citées : « Hæc quæ mixta sunt non esse corrupta, nec ultra eadem simpliciter esse, nec eorum mixtionem esse compositionem (une simple juxtaposition), nec ad sensum, necesse est. Est autem miscibile id quod in debita proportione passivum (simul) et activum est, et per hoc miscetur ; mixtio vero est miscibilium alteratorum unio. »

la définition qu'il nous donne de la mixtion : *mistilium altera-*
torum unio. Si les formes des éléments cessaient d'exister pour
être remplacées par une forme nouvelle, on ne pourrait pas dire
que les éléments s'unissent, ni qu'ils sont simplement altérés ;
il faudrait définir la mixtion : *mistilium corruptorum in novam*
substantiam transmutatio. En ce point, il faut le reconnaître,
saint Thomas paraît s'éloigner d'Aristote : au lieu de faire
comme lui de la forme des composés la résultante des formes
des composants, altérées par la combinaison de leurs forces, il
veut que cette combinaison prépare simplement les voies à l'avé-
nement d'une nouvelle forme, laquelle vient, on ne sait d'où, se
substituer aux formes des corps simples. Mais comment concilier l'existence simultanée dans un même corps de ces deux
genres de formes ? Il y a là une grande difficulté qui tient,
comme on vient de le voir, non à la substance même de la doctrine péripatéticienne, mais à la modification introduite dans
cette doctrine par saint Thomas. Les thomistes résolvent cette
difficulté en supprimant dans tous les composés les formes des
corps simples ; ou, ce qui revient au même, en réduisant leur
existence virtuelle à n'être qu'une existence purement potentielle.
C'est nier cette permanence des éléments que nous avons
entendu affirmer si catégoriquement par Aristote et par saint
Thomas ; c'est par conséquent mettre les deux docteurs en
contradiction avec eux-mêmes. Quelle a été sur ce point la
vraie pensée de saint Thomas d'Aquin ? Nous n'avons pas à le
rechercher en ce moment. Ce qui nous paraît certain, c'est qu'il
n'a pas donné à l'existence virtuelle des éléments dans le composé le sens que ses disciples attribuent à ce mot. Si les formes
élémentaires n'existaient virtuellement qu'autant que la matière
du composé peut les recevoir après la décomposition, la forme
des éléments ne serait pas plus réellement dans les composés
que la forme des composés dans les éléments : puisque des deux
côtés nous aurions une matière première, déterminée par une
seule forme et passivement indifférente à l'égard de toutes les
autres. Or, nous dit saint Thomas expliquant la doctrine d'Aristote, les formes des éléments sont tout autrement dans les composés que les formes des composés dans les éléments ; « car
dans le feu, le bois et la chair n'existent d'aucune manière, ni

virtuellement, ni actuellement ; et Aristote le prouve en disant
que si la chair et le bois étaient dans le feu, le feu se résoudrait
dans ces substances, ce qui est contraire à l'expérience. On
peut bien avec du feu faire de la chair et du bois, mais non par
la dissolution du feu ; c'est au contraire en joignant ensemble
divers éléments, rendus par leur altération mutuelle propres à
produire ce résultat. » Au contraire, « les corps composés se
résolvent dans les corps simples comme on le voit dans la dissolution du corps animal (1). »

Ce texte de saint Thomas prouve évidemment que, pour lui
comme pour Aristote, l'existence virtuelle ou potentielle des
éléments dans les composés est une existence réelle ; et que par
conséquent la forme substantielle des éléments n'a nullement
été détruite dans la composition. C'est ce que le saint docteur
prouve évidemment dans son opuscule *de principiis naturæ*,
par un autre argument également capable de confondre les thomistes. Selon ceux-ci, quand j'ai mangé un morceau de pain,
et que par la digestion il est passé dans ma substance, les formes
des éléments dont ce pain était composé ne seraient pas dans
mon corps autrement que la forme du pain lui-même. Celles-là,
comme celle-ci, auraient préexisté à la nutrition, mais auraient
été détruites par elle. « Or, dit saint Thomas, il y a entre les premières et la dernière une différence essentielle, celle qui distingue la matière de l'élément. Le pain est la matière du sang ;
mais le sang n'est produit qu'autant que le pain est détruit. Le
pain par conséquent ne demeure pas dans le sang ; et c'est pour

---

(1) In igne neque caro neque lignum inest, sive secundum poten-
tiam, sive secundum actum. Cujus signum assumit ex hoc quod si caro
et lignum essent in igne, ignis resolveretur in ista, quod nullo modo
apparet : generatur enim ex igne caro aut lignum, non per resolu-
tionem, sed per adjunctionem aliorum corporum simplicium simul
admistione coalteratorum (et non *coalternatorum*, comme portent les
diverses éditions). Au contraire, la dissolution des composés fait
paraître les corps simples dont ils étaient formés : « Manifestum est ex
ipsa segregatione qua corpora mista in hujusmodi simplicia resol-
vuntur : sicut patet in resolutione corporis animalis. » *De Cœlo, lib. III,
lect. 8*. (Edit. parm. tom. XIX, p. 164. 1.)

cela que le pain ne peut pas être appelé l'élément du sang. Les éléments au contraire doivent demeurer dans le composé, d'une certaine manière, puisqu'ils ne sont pas entièrement corrompus, comme Aristote le démontre au livre *de Generatione* (1). »

Qu'on lise encore le passage suivant de l'opuscule 33me, *de quatuor oppositis* : « L'élément simple, dit-il, étant ce en quoi le composé se résout, doit nécessairement entrer dans la constitution de ce composé, et cela *non pas seulement en puissance*, mais de telle manière que la vertu de l'élément demeure. » Cette permanence des formes élémentaires est tellement réelle que saint Thomas attribue à leur action les transformations successives du composé et leur définitive dissolution. « Ce sont les forces des éléments, dit-il, qui, en changeant la proportion de la combinaison, produisent divers composés. Quand donc une substance vivante perd la vie, quand le composé se résout dans ses éléments simples, ce *double effet est produit par la vertu des formes élémentaires qui, suivant Aristote, demeurent dans le composé.* »

Un peu plus loin il repousse d'une façon encore plus expresse l'explication d'après laquelle la permanence virtuelle des formes élémentaires consisterait uniquement dans la puissance d'être reproduite après la dissolution du composé. Si cette explication était la vraie, il faudrait dire que la forme du cadavre, qui, d'après la doctrine thomiste, succède toujours à celle du corps vivant, est virtuellement contenue dans celle-ci. Rien de plus faux, d'après saint Thomas : « La forme du corps mort n'est point contenue virtuellement dans le vivant, puisqu'elle n'entre pas dans la constitution du corps vivant. Or cela seul est contenu virtuellement dans une substance qui entre dans sa constitution, comme on peut voir par les éléments qui constituent le composé. Ce qui demeure dans le corps vivant, c'est la force élémentaire

---

(1) Panis est materia sanguinis ; sed non generatur sanguis nisi corrumpatur panis ; unde panis non remanet in sanguine ; unde panis non est elementum sanguinis. Sed elementa oportet aliquo modo manere, cum non omnino corrumpantur, ut dicitur in libro de Generatione. *Opusc. 27* (édit. rom. 31). *De principiis naturæ* (tom. XVI, p. 340, ed. parm).

qui tend à détruire la proportion des diverses parties du composé et à rendre ainsi la vie impossible (1). »

En présence de témoignages aussi précis et aussi absolument contradictoires avec le système des néopéripatéticiens, n'avons-nous pas le droit de penser que, dans cette question, comme dans plusieurs autres le thomisme a exagéré la vraie doctrine de saint Thomas ? On apporte, nous le savons, des textes dans lesquels le saint docteur semble dire le contraire de ce que nous venons de l'entendre affirmer. Mais est-il bien certain que cette contradiction doive être mise à sa charge ? On s'est cru le droit de conjecturer que les textes si clairs par lesquels l'Ange de l'école combat l'immaculée conception de la Mère de Dieu ont été subrepticement introduits dans ses œuvres par des disciples trop ardents, qui, dans le feu de leur lutte contre les scotistes, ont tenu à le mettre de leur côté : ne pouvons-nous pas soupçonner que dans la chaleur des débats également passionnés auxquels a donné lieu la question de la composition des corps, quelque interpolation du même genre aura été commise ? Par rapport au plus explicite des témoignages qu'on nous oppose, celui qui est tiré de l'opuscule *de pluralitate formarum*, nous avons plus que des preuves purement négatives. L'auteur de cet opuscule déclare dès le commencement qu'il va s'appuyer, pour démontrer

(1) Cum simplex elementum sit ultimum in quod resolvitur mixtum, necessario simplex elementum fuit primum in ejus constitutione, *non tanquam potentia tantum*, sed sicut illud cujus virtus in ipso manet... Virtutes elementorum causando diversas proportiones mixtionis causant diversa mixta. Unde cum ex vivo fit mortuum... cum autem ex mixto fit simplex elementum..., *utrumque fit per virtutem formarum elementorum quæ manent in mixto*, secundum Philosophum... Ex quo patet quod virtus formæ elementaris dominantis in mixto habet non solum solvere mixtum et inducere formam propriam talis elementi, sed transmutare mixtum de una proportione miscibilium in alteram, quousque in ipsam formam propriam perveniatur. Et ideo, licet forma corporis mortui non fuerit virtute in vivo, quia corpus mortuum non venit in constitutione corporis vivi, (quod tamen facit quidquid virtute continetur in alio, sicut patet in elementis quæ constituunt mixtum), est tamen in vivo virtus elementaris quæ nata est solvere proportionem miscibilium in qua salvatur vita.

l'unité de la forme substantielle, sur l'autorité d'Aristote et de son commentateur Averroès. Or, dans la Somme (I. q. 76, a. 4, ad 4), le vrai saint Thomas attribue, en cette matière, à Averroès le sentiment opposé. Comment ces deux appréciations contradictoires d'une même doctrine pourraient-elles être du même auteur?

Pour nous, jusqu'à ce que l'on nous démontre le contraire, nous persisterons à croire que saint Thomas est demeuré d'accord avec lui-même, et que dans une question où il fait profession de suivre les pas d'Aristote il ne s'est pas mis en contradiction ouverte avec lui. Nous dirons, avec ces deux Pères de la philosophie scolastique, que les formes subtantielles des éléments sont dans les composés *en vertu* et *non en acte ;* mais nous n'expliquerons pas cette formule de manière à rendre l'existence virtuelle parfaitement identique à la non-existence. Pour nous en faire une juste idée, nous adopterons la comparaison familière à Aristote et employée après lui par saint Thomas, celle des voix et des articulations qui forment une syllabe. « La syllabe BA, dit Aristote, n'est ni l'articulation B ni la voix A ; elle est composée de l'une et de l'autre ; mais ce composé a une manière d'être distincte de chacun des composants. Ainsi, la chair a une existence distincte de celle des éléments dont elle est composée, » et pourtant ces éléments sont aussi réellement dans la chair que B et A sont dans la voyelle BA. Ils y sont selon toute leur vertu, bien que leur union empêche que chacun d'eux subsiste dans ses propres limites, et par conséquent ait sa détermination, sa forme propre (1). Présentée de la sorte, l'existence virtuelle des éléments dans le composé est parfaitement rationnelle ; et aucun savant n'hésitera à l'admettre. Mais expliquée à la manière des thomistes, elle ne devient pas seulement répugnante pour la raison et inadmissible pour la science, mais elle donne encore un démenti aux principes les plus solidement établis et les plus universellement reconnus de la philosophie scolastique. C'est ce qui nous reste à démontrer.

(1) Syllaba non est ipsa elementa, nec idem BA atque B et A; nec caro ignis et terra. Dissolutis namque (compositis) hæc quidem amplius non sunt, ut caro et syllaba ; elementa vero, ignis et terra sunt. *Metaphys. 1. 6. cap. XVII,* p. 557, 1. 34.

CHAPITRE TREIZIÈME

La destruction des formes élémentaires est en opposition avec les enseignements les plus certains de la philosophie scolastique.

Nous venons d'indiquer la distinction à l'aide de laquelle Aristote et saint Thomas concilient la permanence des formes élémentaires, attestée par l'expérience, avec l'unité de forme substantielle démontrée par la philosophie.

Cette distinction devrait, ce semble, terminer le différend et nous mettre d'accord avec les thomistes, qui l'admettent aussi bien que nous. Malheureusement nous ne lui attribuons point le même sens. Nous venons d'en donner une interprétation aussi conforme aux principes de la philosophie qu'aux observations physiques ; l'interprétation thomiste, au contraire, nous semble en opposition manifeste avec les uns et avec les autres.

Mais prenons garde, dans une discussion dont le triomphe de la vérité est l'unique but, de prêter à nos adversaires une doctrine qui n'est pas la leur. Demandons-leur à eux-mêmes comment ils entendent cette distinction d'Aristote et de saint Thomas qui forme le véritable nœud de toute cette controverse. Comment comprennent-ils l'existence virtuelle des éléments dans le composé ?

C'est le savant rédacteur de la *Scienza italiana* qui va nous répondre. En adoptant la distinction dont il s'agit, il en modifie l'expression. Ce n'est pas l'existence *actuelle*, mais l'existence *formelle* des éléments qu'il oppose à leur existence *virtuelle ;* et voici comment il explique ces mots. « La partie existe formellement dans le composé, dit-il, lorsqu'elle y demeure dans sa nature propre. Ainsi, une roue existe formellement dans une montre ; la greffe existe formellement dans l'arbre.

« Les éléments existeraient donc formellement dans le composé chimique s'ils y demeuraient dans leur nature propre. Ainsi, par exemple, si l'eau était un agrégat de deux atomes d'oxygène et d'hydrogène, et si chacun d'eux conservait sa nature primitive et par conséquent ce même principe d'activité (forme substantielle) qui constitue la matière dans une espèce déterminée, il faudrait dire que l'H et l'O existent *formellement* dans l'eau. Au contraire, les parties existent *virtuellement* dans le tout, lorsque, pour former le tout, elles abandonnent l'être propre qu'elles avaient auparavant, mais de telle manière pourtant que dans le tout il se conserve des parties elles-mêmes tout ce qu'il faut pour les faire naturellement reparaître quand le tout se décompose. »

Cette explication fait très-bien comprendre ce que l'auteur entend quand il dit que les éléments n'existent pas *formellement* dans le composé : c'est qu'ils n'y existent pas *réellement ;* car un être ne peut pas exister dans une nature et dans une espèce différente de la sienne. Du moment qu'il perd son être propre, il est complétement détruit. Si donc les éléments, en cessant d'exister formellement dans le composé, se dépouillent « de leur être propre, » ils sont purement et simplement détruits. La forme substantielle étant précisément ce qui constitue chaque être dans son être propre et sa nature spécifique, cette détermination cessant d'exister, la forme substantielle disparaît également. La matière qu'elle déterminait reçoit une détermination toute différente, et n'a plus avec l'ancienne forme aucun autre rapport que celui qu'elle a avec toutes les formes possibles, celui d'une potentialité passive et d'une complète indifférence. Voilà ce qui ressort avec une clarté parfaite de la définition du mot *formellement.* Mais ce qui ne se comprend pas du tout c'est la définition du mot *virtuellement.* De ces mêmes formes qui ont été complétement détruites dans le composé, il en reste pourtant assez, nous dit-on, pour qu'elles puissent « reparaître « naturellement lorsque le composé se dissoudra ! » Mais, si elles ont été détruites dans leur être propre, que peut-il en rester ? Ce qui a été détruit ne peut « reparaître naturellement » qu'à la condition d'être reproduit.

La distinction de saint Thomas, interprétée dans le sens que nous venons d'entendre, renverse donc de fond en comble la théorie des éléments et de leur combinaison, qui forme, comme nous l'avons démontré, un des articles les mieux établis de la doctrine péripatéticienne : c'est-à-dire qu'elle renverse ce qu'elle était destinée à sauver, puisqu'elle n'a été mise en avant que pour expliquer la conservation réelle des éléments dans le composé.

Et combien d'autres difficultés également insolubles ne soulève pas cette malheureuse solution !

Elle détruit d'abord toute distinction entre les corps simples et les corps composés. Qu'est-ce, en effet, qu'un corps simple, dans cette théorie ? Celui dans la formation duquel il n'entre que les deux éléments essentiels de toute substance corporelle : la matière première et la forme substantielle. Or, dans le corps que nous pouvons croire le plus composé, dans le corps humain, par exemple, il n'y a, toujours d'après le même système, que ces deux éléments ; car si avec la matière première, il y avait une autre forme quelconque que l'âme raisonnable, l'homme perdrait son unité.. La simplicité est donc, au même titre que l'unité, l'attribut essentiel de toute substance. Or, rien n'est plus contraire à la doctrine de saint Thomas : « car bien que tout être soit un par sa substance, cependant les exigences de toutes les substances ne sont pas les mêmes au point de vue de l'unité ; puisqu'il y a des substances composées de plusieurs éléments, tandis que d'autres sont exemptes de composition (1). »

Autre grave inconvénient de ce système : il bannit de la nature un des faits qui y tiennent le plus de place : ce genre d'union des corps simples qu'Aristote nous a décrit avec tant de sagacité sous le nom de *mixtion*, et que la chimie moderne nomme *combinaison*. L'hypothèse que nous combattons supprime cette union, et la confond avec une transmutation d'un genre tout différent, avec la génération.

La mixtion est supprimée ; puisque d'après Aristote, comme d'après la science moderne, la condition essentielle de ce genre d'union c'est que les éléments ne sont pas détruits, bien qu'ils

---

(1) Licet omne eus sit unum per suam substantiam, non tamen se habet æqualiter substantia cujuslibet ad causandam unitatem, quia substantia quorumdam est ex multis composita, quorumdam vero non. *I. q. 11. a 4. ad. 3.*

ne demeurent pas sans altération : *Hæc quæ mista sunt non sunt corrupta nec eadem simpliciter sunt.* Saint Thomas dit de même : *Non igitur manent elementa in mixto actu, ut corpus album ; nec corrumpuntur ambo nec alterum.*

Or, dans l'hypothèse que nous combattons, il y a *corruption* véritable des éléments ; car, dans la terminologie scolastique, le mot *corruption* exprime le changement qui s'opère dans un corps par la destruction de la forme substantielle. Si donc on soutient que les formes substantielles des éléments sont réellement et entièrement détruites dans le composé, il faut reconnaître qu'il y a corruption réelle ; il faut dire par conséquent, en dépit de l'autorité d'Aristote, de saint Thomas et de la science moderne, que la mixtion n'est pas une vraie mixtion.

Que sera-t-elle donc ? Une vraie génération. Car de même, que le mot corruption signifie destruction de la forme substantielle préexistante, ainsi, pour tous ceux qui comprennent le langage de la scolastique, génération signifie production d'une nouvelle forme substantielle. Or, dans l'hypothèse que nous examinons, le résultat de la combinaison est de faire naître dans le composé une forme substantielle toute nouvelle, celle de l'eau par exemple qui serait produite *ex nihilo sui* ? En quoi, nous le demandons, cette génération différerait-elle de toutes les autres ?

Ce n'est pas tout : l'hypothèse en question n'introduit pas seulement dans la nature une nouvelle espèce de génération, pour la substituer à la mixtion : elle en introduit autant qu'il y a d'atomes dans le composé ; puisque, au moment de la décomposition ou peu après, chacun de ces atomes recouvre la forme substantielle qui avait été réellement détruite. C'est le troisième point de la théorie attribuée à l'école péripatéticienne par le professeur dont nous avons reproduit l'exposé : « Au moment de la décomposition, la forme substantielle du composé est détruite, et remplacée par les formes substantielles des corps simples qui sont produites *ex nihilo sui.* »

Arrêtons-nous sur ce point dont l'importance exige un examen spécial.

CHAPITRE QUATORZIÈME

La destruction des formes substantielles contredit le principe de causalité.

Ici, en effet, nous touchons à la difficulté capitale du système thomiste ; il nous apparaît en opposition flagrante avec l'un des premiers principes de la raison, avec le principe de causalité.

L'accusation est grave ; et, avant de la formuler, nous avons pris les moyens les plus propres à nous détromper, si l'évidence que nous croyions posséder n'eut été qu'une illusion. Mais ni dans les livres, ni auprès des défenseurs les plus éclairés du système que nous examinons, nous n'avons trouvé aucune lumière propre à résoudre cette difficulté. Nulle part, au contraire, elle ne nous est apparue plus insoluble que dans l'article de la *Scienza italiana*, dont l'auteur était du reste si capable de faire triompher la cause dont il a si vaillamment entrepris la défense. Il ne nous reste donc qu'à mettre sous les yeux du lecteur l'objection et la réponse, afin qu'il juge par lui-même de la force de l'une et de l'autre.

Faisons-nous d'abord une idée nette de la difficulté à résoudre. Nous n'avons pas besoin pour cela d'évoquer devant l'imagination le fantôme de la forme cadavérique : c'est à la raison seule que nous nous adressons.

Voici le cadavre d'un homme qui vient de mourir. D'après la doctrine que nous examinons, ce corps, lorsqu'il était vivant, n'avait qu'une seule forme substantielle, l'âme raisonnable, laquelle seule lui donnait non-seulement sa vie sensitive et végétative, mais encore son être corporel. Comment peut-il conserver cette existence après que l'âme de qui il la tenait s'est éloignée ? Les défenseurs du système thomiste répondent qu'au moment précis où l'âme a cessé *d'informer* ce corps, elle a été remplacée par une nouvelle forme qu'ils nomment forme cadavérique, laquelle disparaît bientôt elle-même, pour faire place aux formes des divers éléments dont le corps avait été originairement composé.

Ne nous arrêtons pas à ce qu'il y a de gratuit et d'invraisemblable dans cette hypothèse, et contentons-nous de demander à quelle cause ceux qui la soutiennent attribuent la production de la forme cadavérique et des innombrables formes qui lui succèdent.

Nous avons devant nous un effet réel et positif; le plus réel et le plus positif entre tous ceux qui peuvent résulter de l'action des causes secondes, la production *ex nihilo sui* de nombreuses formes substantielles. Après la création, qui est la production *ex nihilo sui et subjecti* d'une substance entière, rien évidemment n'exige plus impérieusement l'intervention d'une cause proportionnée que cette production de l'élément le plus actif, et le plus réel de la substance. C'est ici ou jamais le cas de dire avec le rédacteur de la *Scienza italiana* que « si quelqu'un niait la présence ou l'opération d'une telle cause, il devrait nier en même temps la vérité du principe de causalité, par lequel nous sommes assurés que tout effet doit avoir sa cause proportionnée. » Or, dans la dissolution d'un composé, soit inorganique, soit vivant, il ne se rencontre aucune cause positive capable de reproduire les formes substantielles des composants. Cette décomposition résulte, dans les êtres inférieurs, de la destruction de la forme substantielle du composé. Dans la mort de l'homme, la forme substantielle, sans être détruite, se sépare de la matière. Or, ni la destruction de la forme substantielle, ni sa séparation de la matière ne sont des causes positives ; la destruction n'est que la cessation de l'existence ; la séparation est la cessation de l'union ; deux négations qui assurément ne contiennent pas en elles la réalité de l'effet très-positif qu'on leur attribue. Il faut donc ou nier le principe de causalité, ou reconnaître que les formes des corps simples ne se reproduisent pas *ex nihilo sui* de la simple décomposition.

Tous nos lecteurs ont saisi sans beaucoup de peine la force de cet argument. Qu'ils écoutent maintenant la réponse de l'habile rédacteur de la *Scienza italiana*. Après avoir distingué la production d'une forme de la création d'une substance, presque dans les mêmes termes que nous venons d'employer nous-mêmes, il poursuit ainsi :

« Le lecteur observera que certaines formes né viennent pas

au sujet *ab extrinseco*, mais se produisent dans le sujet, en se
tirant *(traendole)* de la puissance du sujet lui-même (*educuntur
de potentia subjecti*). Pour produire de cette manière certaines
formes, il suffit souvent de causes dénuées de sentiment, de
celles même qui opèrent par un simple mouvement mécanique.
Par exemple, il vous tombe une pierre sur la tête : la pierre en
vous frappant vous cause une douleur ; cette douleur est une
forme accidentelle, produite *ex nihilo sui ;* et elle est tirée de
la puissance de la faculté sensitive, qui en est le siége et le sujet.
Mais y a-t-il ombre de douleur dans la pierre ? Nous en pouvons dire autant du son, du goût et autres sensations, qui sont
des formes accidentelles, tirées de la puissance du sujet par des
causes qui ne les possèdent pas en elles-mêmes. Mais considérez
un œuf fécondé, dans lequel par conséquent s'est faite l'union
des deux principes séminaux. Pendant longtemps il gît dans un
coin sans laisser paraître aucun signe de vie. Vous le faites
couver par une poule, ou vous le soumettez de toute autre manière à une chaleur constante de 40 degrés ; et bientôt un joli
petit poussin s'en échappe. Mais quoi ! Ce calorique de 40 degrés a-t-il la puissance de produire un vivant, et par conséquent
la forme substantielle qui le constitue dans son espèce ? Ni le
calorique ni aucun autre fluide ne contient cette forme. Sans
doute ; mais cette contenance n'est nullement nécessaire, puisque
le calorique opère seulement comme principe altérant, et la
forme substantielle du fœtus est tirée de la puissance de ce sujet
dans lequel se retrouve la vertu séminale, de telle sorte que
l'électricité et autres causes nombreuses, dont la détermination
appartient au physicien expérimental et non au philosophe,
opèrent sur le composé en *l'altérant ;* et de cette altération
résulte l'analyse que nous avons décrite plus haut. La forme
substantielle dont il est ici question n'est pas une miniature
d'esprit *(uno spiritello)*, comme quelques-uns semblent le
croire, et ce n'est pas du dehors qu'elle vient ; mais c'est un
acte que la matière prend d'elle-même *(che piglia la siessa materia)*, conséquemment à la mutation produite en elle par les
causes altérantes. »

Il y a profit et plaisir en vérité, à discuter avec un vrai
savant ; car s'il se trompe, ce qui peut arriver même aux plus

grands génies, l'exactitude et la lucidité habituelle de son langage permettent au lecteur, même le plus médiocrement perspicace, de trouver dans ses paroles l'antidote de son erreur. Ainsi, dans les deux exemples qu'il vient de nous citer, le défenseur du système thomiste n'a pu s'empêcher de signaler les différences capitales qui font que ces exemples n'expliquent nullement ce qu'ils sont destinés à expliquer.

Il s'agit de rendre raison d'une génération sans principe générateur ; et dans le premier exemple il n'y a rien qui ressemble à une génération, puisqu'il y a simplement production d'une forme accidentelle ; dans le second cas, il y a génération, mais avec un principe générateur, dont l'existence nous est expressément signalée, puisque l'œuf est censé fécondé. Dans les deux cas, nous avons des causes connues produisant leurs effets naturels : la pierre, en frappant la tête, produit un déchirement des tissus ; met par conséquent le corps dans un état anormal, que l'âme, forme du corps, ressent en vertu de sa force préexistante. Dans le second cas, la chaleur de 40 degrés met la matière de l'œuf dans l'état de dilatation convenable pour que le principe vital préexistant. puisse se l'assimiler. Le principe de causalité fonctionne, dans ces deux cas, très-régulièrement ; aucun effet ne se produit qui n'ait une cause proportionnée ; et par conséquent aucun de ces deux exemples n'éclaircit le moins du monde la difficulté proposée, qui consiste à expliquer la production d'un effet très-réel sans aucune cause de même nature, une vraie génération sans générateur.

Mais peut-être trouverons-nous la solution de la difficulté dans la théorie dont ces deux exemples sont l'illustration. « Certaines formes, dit le docte écrivain, ne viennent pas au sujet *ab extrinseco*, mais se produisent dans le sujet en les tirant (*traendole*) de la puissance de ce même sujet. » — Nous nous demandons à qui se rapporte ce verbe actif *traendole* : qu'est-ce qui tire ces formes de la puissance du sujet ? On nous a dit que ce n'est aucune cause extérieure ? Sont-ce alors des formes qui, n'existant pas, se « tirent » elles-mêmes à l'existence ? Puisqu'elles sont, dans le composé, le seul principe actif, cette action la plus énergique de toutes semble ne pouvoir être attribuée qu'à elles. Mais comment agir quand on n'existe pas ? L'écrivain a parfaitement compris que c'était chose impossible ; aussi, à la fin de son explication, dit-il clairement que la production de la forme doit être attribuée à la matière. La forme substantielle des composés non doués de raison n'étant pas un esprit, mais un simple acte substantiel, il ne voit aucune difficulté à ce que la matière le produise ou, comme il dit, « le prenne *(piglia)* conséquemment à la mutation produite en elle par les causes altérantes. »

N'oublions pas ce qu'est la matière première, dans la théorie thomiste : une pure puissance relativement à l'être, et une absolue impuissance quant à l'action ? Lors même que la matière est actuée par sa forme, elle ne peut rien par elle-même : pas même produire le moindre mouvement, la moindre forme accidentelle ; et on voudrait que, livrée. à son absolue indétermination, elle se donnât à elle-même ce qu'il y a au monde de plus réel, ce qui exige par conséquent l'actualité et la vertu la plus énergique, la forme substantielle ! Ce serait donc l'absence de tout acte qui produirait le plus substantiel de tous les actes ? Mais que deviendrait alors l'axiome universellement reçu dans les écoles : *nihil potest transire de potentia ad actum nisi per aliquod ens actu ?* Si la forme peut sortir du néant sans aucune cause positive, il n'y a évidemment pas de raison pour que la matière ne le puisse pas également ; puisque contenant moins de réalité, elle est plus voisine du néant. Un être pourra donc se créer lui-même !... Mais arrêtons-nous, car nous n'en finirions pas si nous voulions signaler les conséquences absurdes auxquelles on est conduit, du moment qu'on fait produire un effet aussi réel que la forme substantielle, sans aucune cause qui le contienne en elle-même.

Pour être complétement juste, nous devons dire qu'avant de recourir à l'explication inadmissible qui vient d'être rapportée, l'auteur en avait essayé une autre. Dix pages plus haut, il insinue que les formes des composants peuvent être produites par la forme du composé qui, en disparaissant, se les substitue. « Si vous me demandez, dit-il, pourquoi l'ammoniaque se résout en hydrogène et en azote, je vous répondrai : parce que la forme substantielle de l'ammoniaque contient virtuellement les formes de l'hydrogène et de l'azote ; et puisque *nemo dat quod non habet*, l'ammoniaque ne peut donner autre chose que ces deux éléments. » D'après cette explication, ce ne serait plus *ex potentia subjecti* que les formes des corps simples seraient tirées, mais *ex forma mixti*. Cette explication ne nous paraît pas plus soutenable que les autres. Si on l'admettait, il faudrait donner à tous les composés la puissance génératrice à l'égard de leurs composants ; il faudrait dire qu'ils exercent cette puissance non par un acte quelconque, mais par la cessation de tout acte et de l'existence elle-même ; car d'après l'adage *corruptio unius est generatio alterius*, par cela même qu'un composé perd sa forme substantielle, sans supposer à celle-ci aucune action, les composants se retrouvent dans leur être propre. Ce n'est donc pas de l'action de la forme disparue, mais de sa simple disparition, c'est-à-dire d'une cause purement négative qu'ils recevraient, dans cette hypothèse, un effet très-positif, leur forme substantielle. L'axiome que nous venons de citer devrait être pris dans un sens qui le rendrait contradictoire dans les termes même, puisqu'il donnerait la corruption pour cause à la génération. Au contraire, expliqué dans notre sens, cet axiome qui exprime une vérité d'universelle expérience, n'a rien que de parfaitement rationnel. La dissolution d'un composé, en rendant leur manière d'être distincte aux corps simples qui en avaient été dépouillés, non par la destruction mais par l'union de leurs formes, équivaut sensiblement à la *génération* de ces corps.

Du reste, pour voir combien cette explication est inadmissible, il suffit de l'étendre à tous les composés ; car si elle est vraie, elle doit être applicable aux composés organiques aussi bien qu'aux inorganiques, au corps de l'homme comme à tous les autres. Il faut donc admettre que l'âme, contenant virtuellement en elle-même les formes des dix-sept corps simples qui entrent dans la composition du corps humain, les produit et les lègue en héritage à la matière de ce corps, au moment où elle s'en sépare ! La mort doterait donc l'âme d'une fécondité prodigieuse dont elle n'a jamais joui pendant la vie. Tant qu'elle était unie au corps, elle était incapable d'engendrer la moindre substance ; en se séparant de lui, elle engendrerait des millions de substances de dix-sept espèces différentes, autant qu'il y a de corps simples et d'atomes dans le corps !!

Peut-être quelque lecteur, reconnaissant l'insuffisance des solutions que nous venons d'examiner, se persuadera-t-il que, si le rédacteur de la *Scienza italiana* a succombé dans sa difficile entreprise, quelqu'autre philosophe plus habile ou plus heureux aura mieux réussi à concilier l'hypothèse thomiste avec les premiers principes de la raison. Nous, au contraire, nous sommes persuadé que cette solution meilleure n'a pas été trouvée ; et nous croyons même pouvoir démontrer qu'elle est introuvable. Le désaccord même qui existe sur ce point entre les patrons de l'hypothèse montre l'extrême embarras auquel ils sont réduits. Il en est qui attribuent la reproduction des corps simples des éléments à la cause qui produit la mort. Ainsi, voilà un homme qui meurt parce que la balle d'un pistolet lui a traversé la tête : cette balle, en rendant le cerveau inepte aux fonctions de la vie, a, du même coup, donné une forme substantielle aux éléments du corps, qui précédemment en étaient privés, à ceux du pied comme à ceux de la main ! Qui n'admirerait la vertu de cette balle qui agit ainsi *in distans*, et y produit par le simple mouvement un effet qui l'emporte infiniment par sa réalité sur le mouvement le plus impétueux ! J'aimerais encore mieux, je l'avoue, recourir comme le faisaient les anciens, à la vertu des corps célestes ; car du moment qu'un corps est supposé agir à distance sur un autre corps, quelques millions de lieues de plus ou de moins ne font rien à l'affaire ; et les corps célestes ayant l'avantage d'être moins connus qu'une balle de pistolet, peuvent se laisser attribuer bien des choses qui choqueraient par trop le bon sens si on les attribuait aux causes plus prochaines.

Mais voici peut-être une théorie plus plausible : la physique moderne a ses mystères aussi bien que l'ancienne ; elle nous parle du calorique, de l'électricité, sans trop savoir ce que sont ces agents. Pourquoi ne leur attribuerions-nous pas les effets dont nous cherchons vainement la cause ? Pourquoi ne serait-ce pas l'électricité qui, au moment du départ de l'âme, donnerait aux éléments du corps leur forme substantielle d'oxigène, d'hydrogène, d'azote, etc. ? Nous pourrions répondre d'abord que la forme du cadavre appartient encore au règne organique, tandis que l'électricité est un agent inorganique ; à moins donc qu'on ne prétende faire l'effet supérieur à sa cause, il faut renoncer à faire honneur, soit à l'électricité, soit à tout autre agent analogue, de la production des formes cadavériques. Mais sans insister davantage sur ces arguments particuliers, nous pouvons opposer à nos adversaires une raison générale, qui écarte à la fois et cette solution et toutes les autres qu'on pourrait imaginer. Quel est le fait à expliquer? Le voici : quel que soit le genre de mort, le corps humain se décompose toujours dans les mêmes éléments, et ces éléments toujours les mêmes sont multiples. De ce double fait, il suit évidemment que les éléments ne peuvent pas acquérir leurs formes propres au moment de la mort; et que par conséquent s'ils les possèdent alors, c'est qu'ils ne les avaient point perdues. Ils ne pourraient les acquérir de nouveau qu'autant qu'elles leur seraient données ou par une même cause ou par des causes différentes ; or, ils ne peuvent recevoir ces formes d'une même cause, de l'électricité par exemple : car une même cause, agissant sur le même sujet et dans les mêmes circonstances, doit produire un même effet. Ici nous avons un même sujet, les éléments d'un cadavre réduits par la mort à l'état de matière première; il est évident qu'une même cause agissant sur ce même sujet, dans les mêmes circonstances, ne peut produire dix-sept effets différents ; donc, en supposant (ce qui est une supposition parfaitement gratuite), en supposant que l'électricité eût la puissance de produire une forme substantielle, celle de l'oxygène par exemple, elle devrait changer en oxygène toute la matière du cadavre; et ne pourrait donner à trois parties voisines et parfaitement homogènes de cette matière trois formes différentes.

Ce n'est donc pas la même cause qui peut donner leurs formes à ces éléments ; mais d'un autre côté, cette opération ne peut être attribuée à des causes différentes ; car des causes différentes agiraient différemment, et par conséquent la décomposition du corps ne donnerait pas toujours les mêmes résultats.

On dira peut être : mais à défaut des causes secondes, n y a-t-il pas la cause première, parfaitement capable de produire l'effet dont il s'agit? — Oui, sans doute, Dieu en est capable puisqu'il est tout-puissant. Mais sa toute-puissance s'est imposé la loi de n'agir, dans le cours ordinaire des choses, que par l'intermédiaire des causes secondes. La production même de la vie, qui est la plus divine de toutes les opérations de l'ordre naturel, est liée par une loi aussi certaine que mystérieuse, au concours d'êtres doués d'une vie semblable : *omne vivum ex vivo*. La suspension de cette loi est un miracle. Ainsi, la résurrection d'un mort est un miracle, parce que Dieu, qui en est l'auteur, rend la vie sans l'intermédiaire d'aucune cause créée capable par elle-même de concourir à cet effet. Si donc on ne veut pas faire suivre la mort d'une multitude de miracles analogues à celui de la résurrection, il faut renoncer à faire intervenir directement le Créateur, pour rendre leur forme substantielle aux éléments du cadavre qui en auraient été complétement dépouillés. Pour donner quelque probabilité à cette hypothèse, les anciens invoquaient un fait que l'école catholique rejette aujourd'hui unanimement : le fait des générations spontanées. Ils disaient : puisque de la pourriture il naît des vies, à plus forte raison les éléments peuvent naître d'un cadavre en dissolution. Jadis cet argument pouvait paraître péremptoire ; mais aujourd'hui il a perdu toute sa force. Nous pouvons au contraire appliquer dans les deux cas le grand principe : point d'effet sans cause proportionnée ; donc point de génération sans générateur.

CHAPITRE QUINZIÈME

Contradictions impliquées dans le concept thomiste de la matière première.

Pour aller jusqu'au fond du problème soumis à notre examen, nous devons considérer de plus près ce principe premier qui, absolument indéterminé par lui-même, dans l'hypothèse thomiste, passerait d'une substance dans l'autre, et recevrait de chacune d'elles toutes ses déterminations ; cette matière première qui, suivant Aristote, n'a ni essence propre, ni quantité, ni détermination quelconque. Pour rendre cette étude plus facile, prenons-en le sujet en nous-mêmes : fixons nos regards sur notre corps, sur cette matière qui maintenant fait partie de notre être, après avoir appartenu aux éléments extérieurs.

Il faut nécessairement choisir entre ces deux hypothèses : ou bien on accordera à cette partie matérielle de notre nature une existence propre, quoique incomplète et complétée par l'existence supérieure de l'âme ; ou bien l'on dira qu'elle est par elle-même une pure puissance, et que l'âme seule réduit cette puissance en acte, et fait exister le corps en lui communiquant sa propre existence.

Ces deux sentiments opposés sont soutenus par deux portions de l'école thomiste : Suarez et la plupart des docteurs de la Compagnie de Jésus défendent le premier, le second est soutenu par les thomistes plus rigides. Nous n'hésitons pas à reconnaître que l'opinion de ces derniers s'accorde mieux avec le concept abstrait de la matière ; mais en prétendant réaliser ce concept ils se heurtent contre une manifeste contradiction. Ils ont raison contre Suarez quand ils disent que la matière étant, dans leur commun système, le principe de l'indétermination et de la potentialité, ne peut, sans cesser d'être pure matière, acquérir aucune existence propre ; car toute existence est une actualité, et implique une certaine détermination. Mais, d'un autre côté, Suarez démontre évidemment par cette même raison que la matière ne peut sortir de l'état d'abstraction et de pure possibilité sans acquérir une existence propre. Car si l'abstrait peut demeurer indéterminé, parce qu'il n'a pas de réalité en lui-même, tout ce qui arrive à l'existence se revêt d'une réalité concrète et par là même déterminée. De là il suit qu'on ne peut admettre dans la nature aucune matière qui soit pure matière, c'est-à-dire pure puissance. Ce qui est en pure puissance est purement possible, puisque la possibilité n'est pas autre chose que la puissance de recevoir l'existence. Quand, pour échapper à cette difficulté, les thomistes distinguent une double possibilité, l'une objective, consistant dans une simple dénomination extérieure, l'autre subjective, qui serait dans l'être lui-même, ils disent des mots auxquels ne répond aucun sens. Il n'y a en effet que deux manières de concevoir l'être : ou bien il est encore dans sa cause, et alors on le dit possible, par une dénomination extrinsèque fondée objectivement sur la puissance de le produire qui est dans la cause ; ou bien il est hors de sa cause, et alors il a, avec sa réalité actuelle, son existence propre. Que l'on distingue logiquement l'essence de l'existence, en tant que l'essence peut être conçue soit comme possible, soit comme actuelle ou existante, rien de mieux ; mais si l'on prétend trouver une distinction entre l'essence *actuelle* et l'existence, nous ne savons plus ce que l'on veut dire. Le concept thomiste de la matière première est encore moins admissible : il n'implique pas seulement que l'essence actuelle de la matière est distincte de son existence, mais encore que cette matière existe en vertu de l'existence d'un être spirituel. Quoi de plus contradictoire ? Comment concevoir un être existant en vertu de l'existence d'un autre être ? Comment donner à la matière l'existence formelle d'un esprit, sans faire la matière formellement spirituelle et l'âme formellement matérielle ? On n'écarterait pas cette contradiction manifeste en disant que l'âme possède l'existence du corps, non pas formellement, mais éminemment. Cette réponse pourrait être admise si l'âme était la cause efficiente de l'existence du corps : car, de l'aveu de tous, il suffit que l'effet soit contenu éminemment dans sa cause efficiente ; mais la cause formelle doit contenir formellement son effet. Si donc l'âme est cause formelle de l'existence de la matière, elle doit avoir une existence formellement matérielle. On ne peut évidemment refuser au corps humain une existence formelle et formellement corporelle ; or, dans le système thomiste, l'existence du corps n'est pas distincte de celle de l'âme ; donc l'existence de l'âme est formellement corporelle ; mais, d'un autre côté, la matière doit être formellement spirituelle : car, puisqu'elle possède formellement son existence, et puisque cette existence est celle d'un être spirituel, elle possède formellement une existence spirituelle, et elle n'en possède pas d'autre. Il y a donc double contradiction.

Ici encore nous avons lieu de croire que le thomisme force la pensée de saint Thomas. Lorsque, dans la Somme philosophique, le saint docteur explique comment l'âme et le corps, dans l'homme, n'ont qu'un seul être, il s'exprime de manière à montrer que cet être, dans sa pensée, est l'être complet de l'homme, en vertu duquel le corps est un corps humain : « *Nihil prohibet*, dit-il, *substantiam intellectualem quæ est anima humana esse formam corporis humani.* » Il admet du reste que cette unique existence humaine est d'une manière différente dans le corps et dans l'âme : « *Est enim*, dit-il, *materiæ corporalis ut recipientis, substantiæ autem intellectualis ut principii.* » L'existence reçue par un être de nature différente ne saurait être complétement identifiée avec l'existence du principe ; et par conséquent l'existence totale de l'homme se subdivise, d'après saint Thomas, dans les deux existences partielles de l'âme et du corps.

Supposons maintenant le corps séparé de l'âme ; que deviendrat-il, dans le système qui ne lui donne d'autre existence que celle de l'âme ? Il sera évidemment anéanti, puisqu'un être privé de son existence retombe dans le néant. Dans le système thomiste, la matière n'a absolument qu'une actuation, celle de l'âme. Donc il ne peut se séparer de l'âme sans perdre toute actuation, et sans redevenir une pure possibilité. Et il ne sert de rien d'alléguer que cette matière, en perdant l'existence dont elle était redevable à l'âme, en acquiert aussitôt une autre : il suivrait de là simplement qu'aussitôt après être anéantie, elle serait reproduite ; mais il n'y aurait pas moins un anéantissement véritable, puisque tout le monde s'accorde à nommer anéantissement la perte de l'existence pour un être qui n'existe pas dans un sujet.

Ce sont les thomistes eux-mêmes qui nous fournissent toutes les prémisses de cet argument, dont la conclusion est le renversement de leur système. La matière, selon eux, ne peut être produite que par création et détruite que par annihilation ; et c'est pour cela que, malgré son extrême imperfection, elle ne saurait avoir d'autre cause efficiente que Dieu, tandis que des substances incomparablement plus parfaites doivent immédiatement leur origine aux causes secondes. *Materia*, dit Goudin, *a solo Deo produci et destrui potest.* Mais qu'est-ce qu'être produit ? c'est recevoir l'existence ; donc, dans le système thomiste, la matière ne peut recevoir l'existence que par création et la perdre que par annihilation ; or, d'après ce système, l'existence de la matière est tout entière dans la forme ; donc, la matière ne peut perdre sa forme sans être anéantie, ni acquérir une nouvelle forme sans recevoir par la création une existence nouvelle.

Goudin ne fait qu'aggraver cette difficulté lorsque, pour la résoudre, il apporte l'exemple d'un homme qui change de vêtements ; car, entre le rejet du premier vêtement et la prise du second, il y a un moment où cet homme est dépouillé. A la place des vêtements, mettez l'existence, et vous arriverez à la nécessité de l'anéantissement, entre la perte de la première forme et l'acquisition de la seconde. On nous dit encore qu'un esclave peut passer d'un maître à un autre sans cesser un seul moment d'être esclave. — Oui, parce qu'il s'agit ici d'une relation purement morale, dont les termes peuvent être changés sans interruption, à l'égard d'un sujet dont l'existence substantielle demeure la même ; mais si c'est l'existence même du sujet qu'on suppose détruite, on ne peut concevoir qu'il acquière une existence nouvelle sans être anéanti et créé de nouveau.

De là nous pouvons déduire une dernière conclusion, qui rend encore plus palpable la contradiction impliquée dans le concept thomiste de la matière première. Cette matière devrait passer d'une substance à l'autre, et exister uniquement par la forme de ces substances ; deux conditions qui s'excluent l'une l'autre : car si la matière n'existe formellement que par la forme de chaque substance, elle perd son existence en perdant chacune de ces formes ; or, si elle perd ainsi son existence, elle ne passe pas d'une substance à l'autre, mais elle est reproduite dans chacune d'elles. Le passage suppose la continuité de l'existence, tandis que l'anéantissement et la reproduction sont la négation de cette continuité. Est-il rien de plus contradictoire ?

Autant donc le système thomiste se déduit rigoureusement de l'idée abstraite de la matière première, autant, quand il prétend réaliser cette idée, il se met en contradiction avec lui-même et en opposition avec les idées de l'âme et du corps. N'est-il pas aussi manifestement contraire à l'expérience ? Quand je regarde ma main, n'ai-je pas sous les yeux des parties différentes, complètement distinctes l'une de l'autre, et ayant chacune son existence propre ? Ne conçois-je pas que si ma main venait à être coupée, elle perdrait sa vie qu'elle tient de mon âme, sans que ses parties cessassent pour cela d'exister ? Si la théorie thomiste de la matière première exige que nous fermions les yeux à l'évidence de ces perceptions, si elle nous oblige à refuser au corps existant toute existence propre, pour lui communiquer celle de l'âme, ne vaut-il pas mieux abandonner cette théorie que de lui demeurer fidèles aux dépens du sens commun ?

Nous avons vu par quel moyen Suarez a essayé d'échapper

à cette difficulté : il a accordé une existence propre à la matière, mais en la rendant naturellement inséparable de la forme. C'était conserver les noms en abandonnant les choses. Car une matière qui a une existence propre n'est plus absolument indéterminée, et par conséquent elle n'est plus matière première au sens thomiste ; et une forme qui ne donne pas à la matière sa première existence, *primum esse*, n'est plus, dans la théorie thomiste, une forme vraiment substantielle. Suarez est contraint d'admettre qu'absolument parlant, *de potentia absoluta*, cette matière peut exister séparée de la forme. Or, comme les thomistes les plus rigoureux lui font justement observer, il est absurde qu'un être existe sans cette actualité que sa forme seule peut lui donner. Donc, accorder à la matière cette puissance d'exister séparément, comme fait Suarez, c'est lui donner comme attribut essentiel une certaine forme de corporéité. Que les éléments premiers des corps puissent ou ne puissent pas, dans le cours ordinaire des choses, exister avec cette seule forme, c'est une question accessoire ; le point capital est de savoir si cette forme existe, et ce point n'est plus douteux du moment qu'on admet l'existence propre de la matière et la possibilité absolue de sa séparation.

Nous avons le droit de déduire la même conclusion du fait que nous avons établi dans la première partie de cet opuscule : à savoir de la permanence, dans les composés, des forces élémentaires. Ce fait, démontré par l'expérience, attesté par Aristote et admis par une partie considérable de l'école de saint Thomas, est inconciliable avec l'hypothèse de la destruction des formes élémentaires : car la forme étant le seul principe actif de l'être, la cause unique de ses déterminations, du moment qu'elle disparaît, avec elle doivent nécessairement disparaître toute activité, toute force, toute propriété. C'est cette considération qui porte les thomistes plus conséquents à soutenir, contrairement à l'évidence des faits et à l'autorité de saint Thomas lui-même, que, dans la composition, les éléments sont dépouillés de leurs forces aussi bien que de leurs formes, et sont réduits à la matière première, absolument indéterminée. Mais autant cette conséquence ressort évidemment du concept thomiste de la matière première, autant son opposition manifeste avec les faits, avec la raison et avec la doctrine de saint Thomas démontre la nécessité d'abandonner ce concept. Nous pouvons ici tourner contre les thomistes l'argument à l'aide duquel ils prétendent renverser la doctrine de Suarez. Nous avons un syllogisme parfaitement en forme, dont Suarez nous fournit la majeure et les thomistes la mineure. Les forces et les qualités des éléments ne sont pas détruites dans la composition : voilà ce qui ressort des faits, et ce que Suarez prouve péremptoirement. Mais les forces et les qualités ne peuvent avoir pour sujet que la forme ; voilà ce que les thomistes déduisent avec une égale évidence de la définition de la forme substantielle. On ne voit pas comment il est possible d'échapper à la conclusion qui découle de ces deux prémisses : à savoir que si les forces des éléments restent dans le composé, les formes de ces éléments ne sauraient être détruites.

Il est intéressant d'étudier le travail qui s'est fait dans l'esprit de Suarez à propos de cette question. Placé entre l'évidence des faits et la théorie traditionnelle, il met à les accorder ensemble toute la subtilité de son esprit. On voit qu'il veut à tout prix demeurer d'accord avec l'ensemble de son école. Il en adopte donc la terminologie ; il s'évertue à en soutenir et à en défendre la doctrine, mais sa sincérité le contraint d'avouer qu'il ne trouve aucune raison vraiment convaincante. « *Difficile videtur rationem reddere quæ convincat hanc naturalem dependentiam materiæ a forma ; nihilominus recedendum non est ab antiqua et communi sententia, quam his modis explicare et confirmare possumus.* » (Metaph. disp. XV, sect. 7, n. 13.) Mais tout en voulant soutenir l'ancienne doctrine, il se voit contraint de la modifier essentiellement. Cette matière, qu'il continue à nommer première, il lui attribue, avec une actualité propre, des propriétés soit passives soit même actives ; il en fait le sujet immédiat des accidents, qui demeurent lorsqu'une substance se transforme en une autre substance. Tout cela est parfaitement conforme aux données expérimentales et aux conclusions que la science en déduit ; mais tout cela est le renversement de la théorie thomiste. Quelle différence essentielle y a-t-il entre la matière première ainsi comprise, et les corps simples de l'école chimique ? Si l'évidence des faits nous contraint à reconnaître dans les éléments premiers des corps et une existence propre et

la persistance de plusieurs propriétés qui ne peuvent ni existe
ni même se concevoir sans une forme, disons que ces éléments
constituent la matière première, mais ajoutons que cette matière
est inséparable de sa forme. En tout cas, soyons conséquents
avec nous-mêmes ; et si nous voulons que ces éléments perdent
leurs formes, admettons aussi qu'ils perdent toutes leurs forces,
toutes leurs propriétés. Ne voyons dans le composé organique
qu'une forme substantielle simple, unie à une matière absolument
indéterminée ; disons que, dans l'homme, l'âme raisonnable n'a
pour organes que des parties homogènes, dépouvues de toute
propriété distinctive et de toute force propre : que les os, la
chair, les tendons, l'œil, le cerveau, l'estomac sont une seule
et même chose : une certaine masse de matière première infor-
mée et animée par l'âme.

Mais il ne faudra pas s'arrêter là ; car si nous voulons être
conséquents, il faut l'être jusqu'au bout. Avec les formes et les
forces, il faut enlever à la matière *les dispositions*, que les thomistes les plus logiques lui attribuent très-illogiquement. Ils
voient comme nous, après la dissolution des composés, soit
organiques soit inorganiques, apparaître de nouveau les corps
simples qui préexistaient à la combinaison. Bien plus, ces corps
simples se retrouvent en quantité égale et dans d'égales proportions. Quand on demande la raison de ce fait aux thomistes,
d'après lesquels les formes substantielles de l'oxygène et de l'hydrogène auraient été détruites au moment où l'eau se formait, ils
répondent que la matière précédemment déterminée par ces
formes a été comme marquée de leur sceau : c'est ce qu'ils
nomment *materia signata* (1) ; elle garde pour ces formes une
inclination ou disposition, en vertu de laquelle elle les recou-
vrera au moment où elle sera privée de la forme qui les avait
remplacées. Nous avons déjà exposé les difficultés insolubles
qui s'opposent à cette reproduction ; ce que nous tenons à faire

---

(1) Le docteur Frédault attribue à Aristote l'invention de cette
materia signata, mais il ne nous indique pas le livre dans lequel cette
invention serait constatée. Nous en avons vainement cherché la trace
dans les œuvres du grand philosophe.

remarquer en ce moment, c'est la contradiction renfermée dans
ces paroles : la matière première privée de sa forme garde pour
elle une certaine disposition. Cela équivaut parfaitement à dire
que le cercle peut être carré ; car *toute détermination répugne
à l'essence de la matière première* autant que la quadrature
répugne à l'essence du cercle, attendu que l'essence de la matière première, telle qu'elle nous a déjà été révélée par sa définition, consiste précisément dans l'absence de toute détermination : « *Quod est neque quid, neque quantum, neque aliquid
ex his quibus ens determinatur.* » Il ne peut y avoir, en effet,
dans les êtres que deux sortes de déterminations : les déterminations substantielles et les déterminations accidentelles. Celles-ci
ne sont évidemment que le résultat des premières, parce que
l'accident ne peut avoir d'autre appui que la substance. Si donc
vous faites disparaître la substance d'un être, avec sa forme
substantielle, toutes ses qualités doivent nécessairement disparaître avec elle. Il ne reste plus que la matière avec son indétermination et son indifférence à l'égard de toutes les formes.
Puis donc, que de l'aveu de tous, la matière des composés
chimiques n'est nullement indéterminée ; puisqu'elle se trouve
investie après la décomposition de toutes les déterminations
qu'elle possédait auparavant, il faut dire que la forme substantielle des éléments n'avait pas été détruite mais modifiée, ou, suivant l'expression d'Aristote, altérée, dans la composition.

CHAPITRE SEIZIÈME

Solution des difficultés. — Conclusion.

Revenons à notre point de départ : que nous proposions-
nous ? De faire un choix éclairé entre les deux manières d'interpréter la doctrine d'Aristote et de saint Thomas. L'une de
ces deux interprétations s'est donnée à nous comme péripaté-
cienne par excellence, bien qu'elle ait eu dès l'origine d'énergi-
ques contradicteurs dans cette école. Nous avons commencé par
confronter cette interprétation avec les textes certains des maîtres, et nous avons constaté entre ceux-ci et celle-là une mani-

feste opposition. Nous l'avons ensuite mise en présence des faits, dont ses défenseurs la croient seule capable de donner une explication philosophique. Nous avons cherché cette explication, et, au lieu de cela, qu'avons-nous trouvé? — Des difficultés insolubles, des suppositions gratuites, la violation des lois les plus générales de la nature, la négation des principes premiers de la raison et des axiomes acceptés dans l'école comme absolument incontestables. Voilà ce que nous a révélé un examen fait avec toute l'attention possible, et sans autre parti pris, nous l'affirmons, que celui de chercher la vérité. Après cela, nous avons bien le droit, ce semble, de demander aux défenseurs de la théorie en question qu'ils renoncent à l'imposer à leurs adversaires jusqu'à ce qu'ils aient résolu les graves objections qu'on leur oppose. Qu'ils ne fassent pas de l'admission de cette théorie une condition *sine qua non* d'orthodoxie philosophique; et puisqu'ils font eux-mêmes profession de la défendre, non parce qu'elle est de saint Thomas mais uniquement parce qu'ils la croient vraie, qu'ils permettent à ceux qui la croient fausse de la rejeter, alors même qu'il serait prouvé qu'elle est réellement de saint Thomas.

Mais n'avons-nous pas, pour admettre la théorie thomiste, en dépit des difficultés qu'on lui oppose, une raison indirecte qui peut suppléer à la pénurie d'arguments directs? La théorie contraire ne soulève-t-elle pas des difficultés plus graves encore? Ne détruit-elle pas l'unité substantielle des corps inorganiques, des êtres vivants, de l'homme lui-même? Si les formes substantielles des éléments restent dans le composé, comment la composition est-elle substantielle? Si les éléments du corps gardent leur être antérieur, quand ils s'unissent à l'âme, cette union est purement accidentelle; ils ne forment plus avec l'âme une seule nature; nous retombons dans l'erreur de Platon, qui faisait vivre l'âme dans le corps comme un nautonier dans sa barque. N'est-ce pas là une difficulté aussi sérieuse que celles auxquelles est en butte le système thomiste?

C'est là, en effet, le côté le plus obscur du système opposé; et il faut bien que cette difficulté soit sérieuse pour que des esprits éclairés aient pu affronter, pour s'y soustraire, les inconvénients qu'entraîne l'hypothèse thomiste de la matière première,

Nous ne sommes donc nullement disposés à contester la gravité de cette objection. Cependant nous ne la croyons pas insoluble ; et il nous semble que les considérations suivantes sont de nature à en éclaircir l'obscurité.

Les formes substantielles, qui sont les actes des êtres, n'ont pas toutes, nous l'avons dit, la même actualité ; elles forment une échelle, dont les degrés diffèrent les uns des autres, en ce que les degrés supérieurs ont plus d'actualité et moins de potentialité ; les degrés inférieurs, au contraire, moins d'actualité et plus de potentialité. Ainsi, l'essence divine est la forme des formes parce qu'elle est l'acte pur. Les anges tiennent le premier rang parmi les êtres créés, parce qu'ils sont des formes subsistantes et absolument indépendantes de toute matière ; puis vient l'âme humaine, forme subsistante également, mais dépendante de la matière dans l'exercice de ses puissances inférieures. En effet, le pouvoir d'informer le corps et de se mettre par lui en rapport avec les autres corps est essentiel à l'âme ; et c'est pour cela que son union avec le corps est substantielle, parce qu'elle est indispensable à l'âme pour l'exercice de ses forces essentielles et pour l'intégrité de son être. Les principes vitaux des animaux et des plantes sont, vis-à-vis de la matière, dans une dépendance bien plus grande encore, puisque n'ayant d'autres forces que celles dont la matière est l'organe, ils ne peuvent exister sans elle. Ces formes sont pourtant complétement distinctes des éléments qu'elles vivifient ; et elles sont réellement produites lorsque la plante et l'animal commencent à exister. Il n'en est pas de même de la forme substantielle du composé chimique, qui résulte de l'union des formes substantielles des éléments. Aristote nous a formulé les lois de cette union. Elle vient, selon lui, de ce que, entre toutes les formes, celles des éléments sont celles qui se rapprochent le plus de la matière, c'est-à-dire qui sont le plus passives. Il ne dit pas, comme Averroès, que ces formes tiennent le milieu entre la substance et les accidents, chose que saint Thomas repousse avec raison ; ce que dit Aristote, c'est que les formes élémentaires, par là même qu'elles sont les moins parfaites de toutes, renferment en elles-mêmes plus de potentialité et de passivité. *Patet ea esse mistilia quæcumque ex agentibus contrarietatem habent; hæc enim inter se passiva sunt.* C'est précisément cette passivité inhérente à leur forme qui en fait des éléments ; car, qui dit élément, dit un être destiné par sa nature à entrer dans la composition d'un autre être, non-seulement par sa quantité, ce qui est le propre de la matière, mais par son principe actif. Or, le principe actif de l'élément, s'il était purement actif, ne pourrait tout au plus entrer dans un composé que comme forme du composé ; il pourrait servir à la génération, non à la combinaison. Pour qu'il se combine, ce qui est le propre de l'élément, il faut qu'il soit à la fois passif et actif. Ainsi, les formes élémentaires portent dans leur essence même une certaine potentialité ; elles ont assez d'actualité pour faire exister l'élément hors de la combinaison ; et, dans ce sens, elles sont des formes substantielles, mais des formes substantielles essentiellement incomplètes, qui appellent par leur essentielle potentialité un complément substantiel. Ce complément peut leur être donné de deux manières : ou par la simple union de ces éléments avec d'autres éléments, c'est-à-dire par la combinaison, ou par leur passage dans un corps vivant et par l'information du principe vital dont ce corps est animé. Dans les deux cas, l'union est substantielle, parce qu'elle modifie les éléments dans un de leurs principes substantiels. Ainsi, quand l'oxygène et l'hydrogène passent dans le corps de l'homme, ils cessent d'être pur hydrogène et pur oxygène et de produire exclusivement les effets propres à ces substances. Leur activité, dominée par l'activité supérieure de l'âme, s'assimile à elle, devient une activité vitale, et produit des effets vitaux.

Dans les deux cas, les éléments ont été substantiellement modifiés, bien qu'ils n'aient pas été détruits : *nec corrumpuntur, nec simpliciter eadem sunt.* La définition qu'Aristote nous donne de la combinaison a été parfaitement réalisée ; c'est l'union de corps simples, altérés par la combinaison de leurs forces : *alteratorum mistilium unio.* En admettant cette explication, on a le droit de dire, avec les thomistes, que les formes des composants demeurent dans le composé *virtuellement*, parce qu'elles y conservent toute leur vertu ; mais qu'elles n'y demeurent pas *formellement*, en ce sens qu'elles y reçoivent une détermination ultérieure, différente de celles qu'elles avaient comme formes élémentaires.

La combinaison diffère pourtant de la génération, parce que, dans le premier cas, il n'y a pas, comme dans le second, production d'une nouvelle forme *ex nihilo sui.* La forme du composé inorganique n'est que l'union substantielle des formes des corps simples, se transformant partiellement l'une dans l'autre, et formant une résultante par l'influence qu'elles exercent et subissent en même temps : *utrumque mutatur ex sua quidem natura in principium dominans alterius, non tamen fit alterum, sed ex utroque medium.* Il y a évidemment, dans la substance qui résulte de cette combinaison des éléments, beaucoup plus d'unité que dans le simple mélange, bien que cette unité soit moins parfaite que celle qui est produite par la génération, moins parfaite surtout que l'unité de l'être spirituel. Il en doit être ainsi, puisque le composé chimique occupe le dernier degré dans l'échelle des substances complètes, n'ayant au-dessous de lui que la substance élémentaire, essentiellement incomplète.

Cette explication s'accorde parfaitement avec une parole remarquable d'Aristote, fréquemment citée par saint Thomas : « les formes sont les unes à l'égard des autres comme les nombres. » Rien de plus vrai. Le nombre neuf est contenu réellement dans le nombre dix ; et pourtant il en diffère formellement, puisqu'en ajoutant une unité au nombre neuf, on lui donne une détermination différente ; ainsi, les *formes inférieures* des composants ne perdent pas leur réalité lorsqu'elles se joignent à la forme supérieure du composé ; mais elles acquièrent une nouvelle manière d'être, une nouvelle détermination, et par conséquent une nouvelle existence formelle. Il est vrai que si la forme du composé contient en elle toutes les propriétés des formes inférieures, celles-ci n'ayant plus de raison d'être disparaissent, et leurs forces sont remplacées par les forces de même nature de la forme supérieure ; c'est ainsi que, dans l'homme, l'âme raisonnable étant à la fois sensitive et végétative, remplace les principes vitaux qui produisent dans les êtres inférieurs ces deux dernières vies. Rien ne s'oppose, en effet, à ce que ces trois genres de vie procèdent d'un même principe ; attendu que, s'il y a entre elles une grande diversité, il n'y a aucune opposition. Mais entre la substance spirituelle et le corps, il y a opposition complète, et par conséquent il est absurde qu'un corps emprunte à un esprit ce par quoi il est corps. La forme substantielle d'un être étant

ce qui le fait formellement tel, l'âme ne peut sans être corporelle être la forme substantielle en vertu de laquelle le corps
est corps. Il en est de même de toutes les formes essentiellement
matérielles, et par conséquent de toutes celles qui appartiennent
à l'essence des éléments. Ces forces n'étant point dans l'âme, ne
doivent pas être détruites lorsque les éléments passent dans le
corps ; mais elles n'y existent plus dans le même état d'indé-
pendance où elles étaient auparavant. Elles sont saisies par la
force supérieure de l'âme, dominées par elle, surnaturalisées en
quelque sorte, et employées comme instruments pour vivifier
la matière du corps. Auparavant ces éléments formaient autant
d'unités indépendantes ; désormais ce seront des fractions d'un
tout, auquel l'âme donnera sa détermination spécifique. Leur
vertu subsistera tout entière ; leur être ne sera pas détruit ;
mais, dominé par une nouvelle forme, il acquerra une nouvelle
existence formelle. C'esi ainsi que l'âme est le principe de l'unité
substantielle de l'homme. Elle ne détruit pas la variété des
éléments, mais elle les unit ; elle ne supprime pas complétement
leur opposition mutuelle, mais elle la tempère et en fait une
condition d'harmonie. Il n'y a réellement dans l'homme qu'une
forme substantielle : l'âme raisonnable, parce que cette âme
seule donne à l'être humain tout entier sa détermination substantielle ; elle seule ramène à l'unité la diversité des éléments (1).
Par son union avec le corps, elle lui confère, non pas un simple
accident, mais un être nouveau, l'être humain, qui l'élève au-
dessus de tous les êtres purement corporels, et le constitue dans
le genre des substances raisonnables.

Ainsi comprise, la théorie moderne, parfaitement d'accord en
substance avec la doctrine péripatéticienne, est à l'abri de tous les

(1) « Elementa sunt plura et contraria; ubicumque autem aliqua
contraria conveniunt et componuntur, oportet ut sit aliquid quod
contineat et faciat ipsa unum. » *In lib. I de An. lect. 12* (tom. XX,
p. 35, 1). C'est de ce rôle assigné à l'âme, par rapport aux éléments
corporels, qu'Aristote conclut contre Empédocle qu'elle-même ne peut
être composée d'éléments, puisque, dans cette hypothèse, elle aurait
besoin d'un principe supérieur pour ramener à l'unité ces éléments
multiples.

dangers qu'on avait mis à sa charge. On n'a plus le droit de lui reprocher de supprimer l'unité substantielle des corps, puisque comme nous venons de le voir, loin de détruire cette unité, elle a sur tous les autres systèmes l'avantage de la mieux graduer suivant le degré de perfection des substances. On serait encore moins fondé à mettre cette théorie en opposition avec les définitions de l'Eglise relatives à l'union de l'âme et du corps, dans l'homme (1). Que disent, en effet, ces définitions? Que l'âme est la vraie forme du corps humain, et qu'elle l'informe et le vivifie non accidentellement ou par un intermédiaire, mais immédiatement et par son essence. — Or, tout cela est parfaitement vrai dans notre théorie : car c'est de l'âme que le corps reçoit, sans aucun intermédiaire, sa vie, sa nature spécifique, son existence comme corps humain. Et son union avec l'âme, loin d'être accidentelle, est au contraire substantielle, de quelque manière qu'on l'envisage, soit du côté de l'âme, soit du côté du corps : du côté de l'âme, qui sans cette union serait hors d'état d'exercer plusieurs de ses facultés essentielles; du côté du corps, qui reçoit de cette union le complément substantiel de ses éléments. Quand donc on examine de près cet argument, le plus fort sinon le seul sur lequel s'appuie la théorie contraire, on voit qu'il se réduit à une pure équivoque. Les partisans de cette théorie, qui reprochent quelquefois à leurs adversaires d'équivoquer sur les mots « substantiel et accidentel », ne s'aperçoivent

---

(1) Le P. Palmieri, dans ses *Institutiones philosophicæ* (Anthropologie, thèse XIV), a mis ce point hors de toute contestation. Il prouve que le Concile de Vienne n'a eu nullement en vue de condamner une doctrine soutenue, alors et depuis, par les théologiens parfaitement orthodoxes. L'erreur proscrite par le Concile est celle qui donne au corps humain un autre principe de vie que l'âme raisonnable. Cette erreur, qui se rapproche de l'hérésie d'Apollinaire, avait été importée en Occident par Averroès; et, vers l'époque du Concile de Vienne, elle avait été soutenue par un certain Pierre-Jean Olive. De nos jours, elle a été reproduite en Allemagne par Günther et par Baltur, contre lesquels Pie IX a renouvelé la définition du Concile de Vienne.

On trouvera à l'Appendice III, p. 109, toutes les décisions de l'Eglise relatives à la question qui nous occupe.

pas qu'ils se donnent à eux-mêmes ce tort. Ils confondent ce qui est indispensable à un être pour exister avec ce qui lui est indispensable pour posséder l'intégrité de sa nature. L'union avec le corps n'est pas essentielle à l'âme dans le premier sens, et cela de l'aveu de tous ; mais il n'est certainement pas permis d'en conclure qu'elle lui est purement accidentelle. On peut très-justement nommer substantiel et même essentiel tout ce qui est exigé par la nature. Or, l'union avec le corps est certainement exigée par la nature de l'âme, qui diffère surtout des purs esprits par cette exigence. Rien ne serait plus contraire aux principes de la philosophie scolastique que de considérer comme un simple accident la propriété de forme du corps qui appartient à l'âme humaine ; mais si cette propriété est essentielle, l'union avec le corps ne peut être considérée comme purement accidentelle, en admettant même que le corps est composé d'éléments doués de leurs formes propres. Appliquons le même raisonnement aux éléments, eux-mêmes faits pour s'unir à d'autres éléments, comme l'âme est faite pour s'unir au corps ; et par cette simple distinction des deux sens du mot substantiel, nous écarterons le malentendu doctrinal qui nous divise (1).

Comment donc se peut-il faire que cette division se soit pro-

---

(1) Nous demandons ici au R. P. Palmieri la permission de ne pas adopter la formule dont il se sert pour exprimer une doctrine qui s'accorde au fond avec la nôtre. D'après lui, les parties dont se compose la personne humaine seraient des *substances complètes, incomplètes* comme *natures*. En s'exprimant de la sorte, le P. Palmieri prête des armes à ses adversaires, et s'écarte de la tradition constante de l'école, qui n'admet entre la nature et la substance qu'une distinction de raison. S'il est vrai, comme tous les scolastiques l'affirment, que *operari sequitur esse*, un être est complet ou incomplet dans son existence substantielle, dans la mesure précise dans laquelle il est complet ou incomplet dans sa puissance naturelle d'agir. Aussi n'hésitons-nous pas à dire que les parties physiques de la personne humaine, l'âme d'un côté et de l'autre les éléments matériels, sont des substances incomplètes, parce que ceux-ci comme celle-là, s'ils existent séparément, sont privés d'un complément exigé par leur nature.

longée si longtemps? C'est que, en proposant comme nouvelle la
théorie généralement adoptée aujourd'hui par les savants, on a
provoqué les défiances des défenseurs de la philosophie traditionnelle. Ces défiances n'auront plus d'objet, et la concorde ne
pourra manquer de se rétablir, du moment qu'il sera reconnu
que les observations récentes sont en parfaite harmonie avec les
principes posés par Aristote et acceptés par saint Thomas.

Nous n'avons pourtant pas nié que dans les écrits du docteur
angélique il ne se trouve des textes difficiles à concilier soit avec
ceux que nous avons rapportés précédemment, soit avec les
conclusions que nous avons cru pouvoir en déduire. C'est ainsi
que, dans les questions de la grâce, les écoles rivales appuient
les systèmes les plus contraires sur des témoignages également
décisifs en apparence de saint Augustin. Nous pourrions, en
opposant ainsi un texte à un autre, prolonger indéfiniment la
discussion. Mais qu'y gagnerions-nous, soit pour le progrès de
nos écoles, soit pour l'honneur de la doctrine de saint Thomas?
N'oublions pas que la discussion présente appartient à l'ordre
purement scientifique, et doit par conséquent être définitivement
tranchée non par l'autorité mais par la raison. Tant qu'on n'aura
pas réfuté les arguments rationnels qui renversent la théorie
contraire à la nôtre, on ne gagnera rien en cherchant à prouver
par l'interprétation littérale de certains textes que cette théorie
appartient à saint Thomas. La seule interprétation qui soit ici
admissible est l'interprétation rationnelle, celle qui éclaire les
textes obscurs par les principes parfaitement clairs professés
hautement par le saint docteur. C'est ainsi que nous expliquons
maints passages difficiles de l'aigle d'Hippone ; et ceux qui
agissent autrement, loin de lui prouver par là leur respect, lui
infligent un véritable outrage, en le mettant en opposition avec la
vérité et avec lui-même. Ne faisons pas à saint Thomas une injure
semblable. Attentif à se corriger lui-même jusqu'à la fin de sa courte
carrière, nous pouvons être certains que s'il eut prolongé jusqu'à
nos jours son existence mortelle, il n'eût pas manqué d'éclaircir
ce qui a pu rester d'obscurité dans ses écrits, et de compléter, à
l'aide des nouvelles découvertes de la science, ce que ses théories
avaient forcément d'incomplet. Agissons de la sorte, et ne craignons pas de nous montrer plus fidèles à l'esprit de la philosophie

de saint Thomas qu'à la lettre de quelques-uns de ses textes. Il n'y a pas d'autre moyen pour conserver à la doctrine du docteur angélique les prérogatives que nous nous accordons tous à lui attribuer : l'unité, l'harmonie, la connexion logique. Interprétée de la sorte, « cette doctrine nous explique la vraie diversité spécifique des substances corporelles ; elle nous rend raison des changements substantiels des corps et de leurs transformations accidentelles ; et, tandis que dans les autres systèmes les phénomènes de la nature sont pleins de mystères (et nous offrent même de manifestes contradictions), on les explique à l'aide de vrais principes posés par saint Thomas de manière à satisfaire la raison (1). »

Aussi ne pouvons-nous douter qu'à mesure que ces principes seront mieux connus, les vrais savants ne les acceptent, et n'en reconnaissent la parfaite conformité avec les données de l'expérience : appelons de tous nos vœux cette union de tous les bons esprits dans la profession d'une même doctrine, et la cessation des divisions malheureuses qui, en ce moment, neutralisent nos forces et nous empêchent de lutter avec avantage contre l'invasion des plus dangereuses erreurs. Il n'y a évidemment qu'un grand profit à retirer pour tous de cette union, alors même qu'il faudrait l'acheter par le sacrifice de quelques préjugés. « Quand c'est la vérité qui triomphe, les vaincus gagnent plus encore que les vainqueurs. Il n'y a qu'une défaite à craindre : celle que nous subirions si, pour paraître victorieux, nous persistions à demeurer sous le joug honteux de l'erreur (2). »

(1) La *Scienza italiana*. Mai 1876.

(2) La *Scienza italiana*. Ibid.

POST-SCRIPTUM

Au moment où s'achevait l'impression du présent opuscule, nous avons reçu d'Allemagne un livre qui traite du même sujet et qui montre combien, dans toute l'étendue du monde savant, cette question préoccupe les esprits sérieux. Ce livre, arrivé à sa seconde édition, est intitulé : LA DOCTRINE SCOLASTIQUE DE LA MATIÈRE ET DE LA FORME ET SON HARMONIE AVEC LES FAITS RÉVÉLÉS PAR LES SCIENCES NATURELLES. *(Die scholastische lehre von materie und form und ihre harmonie mit den thatsachen der naturwissenschaft.)* L'auteur est le docteur M. Scheid, professeur de philosophie au lycée épiscopal d'Eichstaedt. Comme nous, il pense qu'il n'y a aucune incompatibilité essentielle entre la doctrine scolastique et la théorie des corps communément admise par les savants modernes ; mais les conditions de l'accord sont, pour le docteur Scheid, assez différentes de celles que nous venons de proposer. Persuadé que les définitions dogmatiques de l'Eglise sont incompatibles avec toute autre doctrine que le système thomiste, il somme les savants chrétiens d'abandonner toutes les théories inconciliables avec ce système ; et il s'attache à leur faciliter ce sacrifice, en leur prouvant que le thomisme seul donne une explication satisfaisante des faits constatés par les expériences physiques et chimiques ; que seul il rend raison de l'unité substantielle de l'homme ; qu'il est seul en parfaite harmonie avec les dogmes de la révélation ; enfin, que seul il permet au penseur de se faire un concept vraiment scientifique de l'univers. C'est le contre-pied absolu de la thèse du docteur Frédault.

L'écrivain allemand déploie dans la défense de sa cause beaucoup d'érudition et de talent ; et son livre est certainement un des meilleurs qui aient été écrits sur la matière. Nous avouerons pourtant qu'il ne nous a point convaincu. C'est en vain que nous y avons cherché, en faveur du système thomiste, la démonstration qui, de l'aveu des Pères Kleutgen et Zigliara, lui a manqué jusqu'à ce jour. L'argument qui de sa nature serait le plus

décisif, celui qui est tiré des définitions de l'Eglise, nous semble complétement dénué de base. L'auteur raisonne comme si Pie IX avait défini contre Günther que l'âme raisonnable est la forme immédiate *de la matière première*, dans l'homme, et non la forme immédiate du corps humain. Or, cette dernière expression est celle dont le Pape s'est servi, et elle a non-seulement un sens grammatical, mais encore un sens doctrinal très-différent de la première. En établissant contre Günther, que l'âme est la forme immédiate du corps humain, Pie IX exprime en un seul mot ce qu'il énonce plus distinctement dans le bref par lequel il condamne les erreurs de Baltzer, à savoir « qu'il y a dans l'homme un seul principe de vie, l'âme raisonnable, de laquelle le corps reçoit le mouvement, la vie tout entière et le sentiment. » Ce point est admis par les adversaires catholiques du système thomiste, et n'a rien de commun avec la doctrine qui donne aux éléments du corps une forme élémentaire, la forme de corporéité. Si les définitions de l'Eglise avaient le sens que leur attribue le docteur Scheid, elles auraient frappé la doctrine de Scot qui, sous ce rapport, est aussi éloignée du système thomiste que l'atomisme moderne. Or, il est notoire que, depuis les Conciles de Vienne et de Latran jusqu'à nos jours, on n'avait jamais songé à donner une semblable portée aux décrets de ces Conciles.

Le docteur Scheid peut donc éloigner toute inquiétude relativement à l'orthodoxie de ceux qui n'admettent pas son système philosophique. Evidemment il s'est laissé entraîner un peu trop loin par son attachement à la doctrine thomiste. Il est tout naturel que sous l'empire de ce sentiment d'ailleurs très-louable, il se soit exagéré les mérites de cette doctrine, et qu'il s'en soit peut-être un peu dissimulé les difficultés et les inconvénients. Nous nous permettons de croire que, sans admettre la distinction et la reproduction continuelle des formes élémentaires, on peut concevoir une idée assez large du plan divin. Il nous semble même que les deux parties du cosmos se correspondent mieux, et se complètent mieux l'une l'autre si, dans le monde matériel comme dans le monde spirituel, les forces des divers ordres se subordonnent l'une à l'autre, au lieu de se détruire mutuellement. Dans le corps mystique du Christ, qui est le type suprême de toutes les œuvres de Dieu, chacun des éléments vivants garde son être, son activité, sa liberté, sous l'influence toute-puissante de l'âme de ce corps qui est l'Esprit-Saint et de son chef qui est Jésus-Christ. Le corps de l'homme serait à notre avis une image beaucoup moins fidèle de ce divin prototype, si l'âme raisonnable, qui est la reine de ce petit monde, en étouffait toutes les énergies pour les concentrer en elle-même, et régnait despotiquement sur une matière première inerte et passive.

APPENDICE

I. Exposé parallèle des deux systèmes soutenus dans les Écoles catholiques, relativement à la composition des corps.

ÉCOLE PÉRIPATÉTICIENNE · · · · · · · · · · · ÉCOLE CHIMIQUE

I. Qu'est-ce qu'un corps simple ?

C'est un composé de matière première et de forme substantielle. | C'est une substance matérielle douée de forces déterminées.

N. B. — La différence n'est pas encore énorme.

II. Qu'est-ce qu'un corps chimique, l'eau, par exemple ?

C'est un composé de matière première et de la forme substantielle *aquée*. Les formes substantielles de l'hydrogène et de l'oxygène cessent entièrement, et font place à la forme substantielle aquée, qui est produite *ex nihilo sui*, et est entièrement différente des deux formes substantielles précédentes. | C'est de l'oxygène et de l'hydrogène, combinés dans les proportions de 88 à 11. Les forces des deux composants restent identiques dans le composé, bien que dans l'état de combinaison elles ne révèlent pas tous leurs caractères spéciaux.

III. Comment les corps simples sont-ils tirés d'un composé chimique ?

Au moment de la décomposition, la forme substantielle du composé est détruite, et est remplacée par les formes substantielles des composants, qui sont produites *ex nihilo sui* ; et les corps simples se retrouvent dans leurs proportions antérieures. | La force du réactif chimique fait cesser la combinaison et l'union des corps simples, lesquels reviennent à leur état primitif, et révèlent de nouveau, dans leur intégrité, les forces qui leur sont propres.

N. B. — Mais quelle est la force qui détermine la production de ces formes ? Est-ce le calorique ou l'électricité ? Donc ces fluides ont la vertu de produire *ex nihilo sui* d'innombrables formes substantielles de toute espèce, qu'ils ne contiennent point en eux-mêmes ! | - N. B. — Quelle simplicité de vues ! Combien de mystères évités !

IV. Qu'est-ce qu'un corps animal, le corps d'un homme par exemple, ou une partie de ce corps, un os, etc. ?

Ce corps est un composé de matière première et de forme substantielle. Dans l'homme, cette forme est l'âme raisonnable, qui donne à la matière son être corporel, *corporeitatem*. De telle sorte que notre corps, *reduplicative sumptum*, c'est-à-dire en tant qu'il est simplement corps, est un composé de la matière première et de l'âme, laquelle donne au corps son être spécifique matériel.

N. B. — N'est-ce pas là une espèce de matérialisme ?

Le corps humain est, comme tous les corps, composé de molécules et de parties douées de forces chimiques, et unies ensemble par l'action mutuelle de ces forces ; mais, durant la vie, ces forces sont soumises et subordonnées à la force vitale de l'âme, laquelle les pénètre, les domine et les unifie dans leurs fonctions vitales, et donne au corps entier la forme de corps humain, la vie et le sentiment.

V. Que produit la mort dans le corps animal et dans le corps de l'homme ?

Au moment où l'âme s'éloigne du corps, il se produit en lui une nouvelle forme substantielle, la forme *cadavérique*, laquelle par son union avec la matière première constitue le cadavre. Mais comme celui-ci se dissout progressivement par l'effet de la corruption, la forme cadavérique cède la place à de nouvelles formes substantielles, produites toujours *ex nihilo sui*, aussi nombreuses et aussi différentes que le sont les substances résultant de la corruption, y compris les particules méphitiques qui se répandent dans l'air.

N. B. — Quelle est la cause qui détermine la production de toutes ces formes substantielles, spécialement quand la mort est l'effet de la violence ? Les formes cadavériques d'un noyé et d'un pendu seraient-elles produites par l'eau et par la potence ?

La mort consiste simplement dans la séparation de l'âme et du corps, et n'exige la production d'aucune forme substantielle. Les forces chimiques, qui ne sont plus dominées par l'âme agissent librement, et la dissolution du cadavre n'est autre chose que le résultat naturel de leur action.

N. B. — Quoi de plus naturel que cette explication ?

ÉCOLE PÉRIPATÉTICIENNE   ÉCOLE CHIMIQUE

VI. Que sont les corps des Saints après leur mort?

Ces corps sont un composé de la matière première antérieure et d'une nouvelle forme substantielle, de la forme cadavérique, produite *ex nihilo sui*, laquelle donne à la matière un être spécifique, différent de celui qu'elle avait auparavant.

N. B. — Quel est alors le motif qui rend les corps des Saints dignes de notre vénération? Ils ne sont plus spécifiquement leurs restes et leurs reliques.

Ce sont encore leurs corps, conservant leur identité en tant que corps, bien que privés du sentiment et de la vie, à cause de la séparation de l'âme.

N. B. — Selon cette doctrine, nous rendons un culte aux corps identiques des Saints, parce qu'ils sont vraiment leurs restes et leurs reliques.

VII. Qu'était le corps de Jésus-Christ après sa mort et jusqu'au moment de sa résurrection?

Un composé de la matière première et de la forme substantielle cadavérique, produite *ex nihilo sui*, comme pour les autres hommes morts.

N. B. — Cette forme cadavérique a-t-elle été hypostatiquement unie au Verbe, ou non? Si elle ne lui était pas unie, le corps, comme corps, n'était pas alors uni au Verbe; et, par là, il n'était point digne du culte de latrie, que tous les Pères lui ont toujours attribué. Si elle était unie au Verbe, ce ne pouvait être qu'en vertu d'une nouvelle {union hypostatique, inconnue aux Pères et à toute la tradition des douze premiers siècles. Il faudra dire de plus que cette forme nouvelle n'aura été prise par le Verbe que pour être rejetée au bout de trois jours.

Le même corps identique qui était auparavant hypostatiquement uni au Verbe : après la séparation de son âme, il reste uni à la même personne divine.

N. B. — Par là nous sommes en parfait accord avec les Pères de l'Eglise, qui nous enseignent que le corps de Jésus-Christ dans le sépulcre, *étant identique à son corps vivant*, et restant uni à sa divinité, méritait le culte de latrie.

VIII. Par quelle raison l'âme de Jésus-Christ est-elle sous les espèces du pain et du vin, dans le Sacrement de l'Autel?

Quoique la substance de l'âme soit constituée présente sous les espèces sacramentelles , comme forme substantielle du corps, en vertu des paroles de la consécration, cependant elle n'y est pas constituée présente comme âme, en vertu des mêmes paroles.

N. B. — Non-seulement le concile de Trente ne fait pas cette distinction, mais il parle de l'âme de Jésus-Christ par opposition à son corps, et il considère l'une et l'autre comme deux parties constituant l'humanité de Notre-Seigneur. Dans ce sens, il enseigne que l'âme n'y est pas mise en vertu des paroles du ministre, mais par la raison de la connexion naturelle et de la concomitance, par laquelle les deux parties sont unies ensemble.

L'âme étant pleinement distincte du corps, elle n'y est pas constituée présente en vertu des paroles de la consécration; mais comme elle est, après la résurrection, intimement unie au corps de Jésus-Christ, elle y est mise en raison de la connexion et concomitance , par laquelle les deux parties, âme et corps, sont unies ensemble. (Conc. Trid. Sess. XIII, cap. III.)

N. B. — La doctrine du concile de Trente se rattache donc à la théorie ci-dessus exposée et la suppose.

IX. Pour quelle raison le système péripatéticien, sur la composition des corps, est-il rejeté par grand nombre de philosophes catholiques?

« Parce qu'on n'en a pas connais-
« sance, ou qu'on en a une idée
« fausse, ou que, par vaine gloire,
« on dédaigne de suivre les maîtres
« dans les doctrines philosophi-
« ques, ou enfin, parce qu'on veut
« s'accommoder à l'usage des temps,

Parce que ce système, considéré métaphysiquement, s'appuie seulement sur *des équivoques et des pétitions de principes* (Card. Tolomei) et qu'*il n'a aucune force démonstrative* (P. Zigliara); considéré psy-

« qui rejettent tout ce qui est
« ancien, et inventent toujours de
« nouveaux systèmes. » (*Scienza
Italiana*, an. 1877, n° 3, p. 256.)

chologiquement, il donne prise
au matérialisme; considéré au
point de vue des sciences chimiques, il est en évidente contradiction avec les faits qu'elles constatent; considéré histo-
riquement, il a été, dans sa
partie psychologique, toujours
combattu par l'école d'Alexan-
dre de Halès, de S. Bonaven-
ture, de Scot, et des Francis-
cains; condamné au xiii° siècle
par tous les docteurs des Universités d'Angleterre et par
la majorité de ceux de la Sor-
bonne; abandonné, au xvii°,
par la plus grande partie des
écoles catholiques (1); au xviii°,
répudié communément par toutes les écoles, à l'exception
des thomistes plus rigides (2);
éliminé ensuite partout de l'enseignement de la philosophie.
Enfin, considéré théologique-
ment, il crée des difficultés
insolubles dans le domaine des
dogmes, et il n'est pas d'accord
avec la doctrine unanime des
Pères de l'Eglise, au sujet des
deux substances (âme et corps)
adéquatement distinctes dans
l'homme.

---

(1) G. Rhodes, S. J. — *Philosophia
peripatetic.*, l. II, Disp. 15, q. 1,
Sect. 4, p. 2.

(2) R. Mayer, S. J. — *Philos. perip.*,
t. IV. Disp. I, a. 5, n. 78.

II. Hæreticæ quædam opiniones per dominum archiepiscopum Cantuariensem declaratæ et damnatæ.

(Ex collectione Conciliorum a P. Harduino edita, tom. VII, p. 1066.)

In nomine Domini, amen. Anno ejusdem MCCLXXXVI. Indictione IV, ultimo die mensis Aprilis. Reverendus in Christo pater dominus Joannes (Peckham), Dei gratiâ Cantuariensis Archiepiscopus, totius Angliæ primas, pro tribunali sedens in ecclesiâ beatæ Mariæ de arcubus, Londini, assidentibus sibi Venerabilibus Patribus, dominis Olivero Lincolniæ, Godefrido Wigorniensi, et Richardo Herefordiensi episcopis; præsentibus etiam venerabilibus viris magistris, Gilberto de Sancto Leofardo officiali curiæ Cantuariensis, Herveo de Saham cancellario Universitatis Oxonii, Petro de Sancta Mariâ archidiacono Surreyæ, Henrico de Vassington officiali Lincolniæ, Rogerio de Sevanak officiali Herefordiensi, Roberto de Lacy juris civilis professore, Jacobo de Moun, et aliis pluribus solemnibus et venerabilibus personis, in multitudine copiosa : infrà scriptos errores, quos de novo audierat in suâ provinciâ suscitatos, tamquam hæreses declaravit, et pronunciavit esse damnatos, in scriptis proferens sub hâc formâ :

Hi sunt articuli noviter divulgati, quos inter hæreses damnatas in se vel in suis similibus, numerandos esse credimus : et hæreticos esse censemus, pertinaces eorum omnium et cujuslibet defensores, tanquam falsarum et novarum opinionum, causa inanis gloriæ, sectatores :

Primus articulus est quod corpus Christi mortuum nullam habuit formam substantialem eamdem quam habuit vivum ;

Secundus est, quod in morte fuit introducta nova forma substantialis et nova species, vel natura, quamvis non nova assumptione vel unione Verbo copulata : ex quo sequitur quod Filius Dei non fuerit tantùm homo, sed alterius speciei ;

Tertius est quod in illam formam vel naturam de novo introductam per mortem facta fuisset transsubstantiatio panis, virtute verborum sacramentalium scilicet : Hoc est corpus meum, si in triduo mortis fuisset facta consecratio ;

Quartus articulus est, quod modo, scilicet post resurrectionem Christi, virtute verborum sacramentalium, convertitur totus panis in totum corpus Christi vivum : ità quòd materia panis convertitur in materiam corporis Christi, et forma panis convertitur in formam corporis, scilicet in id quod est anima intellectiva, secundum quod forma corporis est et dat esse corporeum, et hoc virtute verborum sacramentalium ;

Quintus est, identitatem fuisse numeralem corporis Christi mortui, cum ejus corpore vivo, tantummodo propter identitatem materiæ, et dimensionum interminatarum, et habitudinis ipsarum ad animam intellectivam quæ immortalis est ; esse insuper identitatem numeralem corporis vivi et mortui, ratione existentiæ utriusque in eâdem hypostasi Verbi ;

Sextus est, corpus cujuscumque Sancti vel hominis mortuum, antequàm sit per putrefactionem mutatum in auras vel elementa, non esse idem numero cum corpore ejus vivo, nisi secundùm quid, scilicet ratione materiæ communis : sicut sunt unum quæ invicem transmutantur, ut caro et vermis : et ratione accidentis communis, scilicet quantitatis ; simpliciter autem esse diversum corpus mortuum a vivo, specie et numero ;

Septimus est, quòd qui vult ista docere, non tenetur in talibus fidem adhibere auctoritati Papæ, vel Gregorii, vel Augustini, et similium, aut cujuscumque magistri, sed tantùm auctoritati Bibliæ, et necessariæ rationi ;

Octavus est, quòd in homine est tantùm una forma, scilicet anima rationalis, et nulla alia forma substantialis : ex quâ opinione sequi videntur omnes hæreses supradictæ.

Istos igitur octo articulos, hæreses esse damnatas, in se vel suis similibus, et blasphemias, firmiter agnoscentes : omnes eorum affirmatores pertinaces, publice vel occulte, sub quocumque verborum pallio, excommunicatos esse et anathematizatos denunciamus ; et præcipimus, tàm in actibus scholasticis, quàm in aliis, ab omnibus arctius evitari, sub interminatione anathematis, quod poterunt formidare non immerito ex certâ scientiâ contrarium sentientes.

Illos insuper, qui contrà inhibitionem prædecessoris nostri et nostram, ac Venerabilis Fratris Lincolniensis Episcopi, de consilio Oxoniensium magistrorum, spretis inhibitionibus nostris

opiniónem de unitate formarum defendere præsumpserint, pro-
nuntiamus incidisse in pœnas a prædecessore nostro hujusmodi
præsumptoribus impositas, et a nobis posteà confirmatas; quas
pœnas iisdem imponi volumus indilate. Et nihilominus illos qui
super talia fundamenta, prædictas hæreses seminarunt, ut dicitur, cum convicti fuerint vel confessi, volumus, prout justum
fuerit in formâ canonica subjici ecclesiasticæ disciplinæ.

(Ex Ms. in registro principali archiepiscopi Cantuariensis,
nuncupato Peckham, edidit Collector Anglicanus, tomo 2.)

III. Décisions de l'Eglise, relativement à l'union de l'âme et du corps, dans l'homme.

1° Definitio Concilii Viennensis (anno 1311) contra errores Johannis Petri Olivi. (Clementina de summa Trinitate et catholica fide.)

Confitemur unigenitum Dei Filium..., humanum corpus passibile, et animam intellectivam seu rationalem ipsum corpus vere, per se et essentialiter informantem assumpsisse...

Porro doctrinam omnem seu positionem temere asserentem aut vertentem in dubium quod substantia animæ rationalis seu intellectivæ vere ac per se humani corporis non sit forma, velut erroneam ac veritati catholicæ inimicam fidei, prædicto sacro approbante Concilio, reprobamus; definientes, ut cunctis nota sit fidei sinceræ veritas, ac præcludatur universis erroribus aditus, ne subintrent, quod quisquis deinceps asserere, defendere, seu tenere pertinaciter præsumpserit quod anima rationalis seu intellectiva non sit forma corporis humani per se et essentialiter, tanquam hæreticus sit censendus.

2° Definitio Concilii Lateranensis (anno 1513). [Bulla « Apostolici Regiminis. »]

Hoc sacro approbante Concilio damnamus et reprobamus omnes asserentes animam intellectivam mortalem esse, aut unicam in cunctis hominibus; cum illa non solum vere, per se et essentialiter humani corporis forma existat, sicut in canone felicis recordationis Clementis Papæ V, prædecessoris nostri, in generali Viennensi Concilio edito continetur; verum et immortalis, et pro corporum quibus infunditur multitudine singulariter multiplicabilis et multiplicata et multiplicanda sit.

3° Ex Brevi Pii PP. IX de libris et doctrina Guentheri, ad Cardinalem Archiepiscopum Coloniensem (15 Jun. 1857).

Noscimus iisdem libris lædi catholicam sententiam ac doctrinam de homine qui corpore et anima ita absolvatur ut anima eaque rationalis sit vera, per se atque immediata corporis forma.

4° *Ex Brevi ad Episcopum Breslaviensem circa doctrinam Baltzeri*
(30 Aprilis 1860).

Hanc sententiam quæ unicum in homine ponit vitæ principium, animam scil. rationalem, a quo corpus quoque et motum
et vitam omnèm et sensum quoque accipiat, in Dei Ecclesia
esse communissimam atque Doctoribus plerisque et probatis-
simis quidem maxime cum Ecclesiæ dogmate ita videri con-
junctam ut hujus sit legitima solaque vera interpretatio, nec
proinde sine errore in fide negari possit.

TABLE DES MATIÈRES

LE PUY. — IMPRIMERIE J.-M. FREYDIER, PLACE DU BREUIL.

www.ingramcontent.com/pod-product-compliance
Lightning Source LLC
Chambersburg PA
CBHW060619100426
42744CB00008B/1436